# 学习革命

## 教室与学校的未来形象

〔日〕**佐藤学** ◎ 著

徐国兴　于莉莉 ——　译

华东师范大学出版社

·上海·

**图书在版编目(CIP)数据**

学习革命:教室与学校的未来形象/(日)佐藤学著;徐国兴,于莉莉译. —上海:华东师范大学出版社,2025. —ISBN 978 - 7 - 5760 - 5709 - 6

Ⅰ. G511

中国国家版本馆 CIP 数据核字第 2025W1C001 号

KYOSHITSU TO GAKKOU NO MIRAI E -MANABI NO INNOVATION-
by Manabu SATO
ⓒ 2025 Manabu SATO
All rights reserved.
Original Japanese edition published by SHOGAKUKAN.
Chinese (in simplified characters)translation rights in China (excluding Hong Kong, Macao and Taiwan)arranged with SHOGAKUKAN through Shanghai Viz Communication Inc.

Simplified Chinese translation copyright ⓒ (2025)by East China Normal University Press Ltd.

上海市版权局著作权合同登记　图字:09 - 2024 - 0560 号

## 学习革命:教室与学校的未来形象

著　　者　佐藤学
译　　者　徐国兴　于莉莉
策划编辑　彭呈军
责任编辑　朱小钗
责任校对　李琳琳
装帧设计　卢晓红

出版发行　华东师范大学出版社
社　　址　上海市中山北路 3663 号　邮编 200062
网　　址　www.ecnupress.com.cn
电　　话　021 - 60821666　行政传真 021 - 62572105
客服电话　021 - 62865537　门市(邮购)电话 021 - 62869887
地　　址　上海市中山北路 3663 号华东师范大学校内先锋路口
网　　店　http://hdsdcbs.tmall.com

印 刷 者　上海颛辉印刷厂有限公司
开　　本　890 毫米×1240 毫米　1/32
印　　张　6.125
字　　数　138 千字
版　　次　2025 年 6 月第 1 版
印　　次　2025 年 6 月第 1 次
书　　号　ISBN 978 - 7 - 5760 - 5709 - 6
定　　价　46.00 元

出 版 人　王　焰

(如发现本版图书有印订质量问题,请寄回本社客服中心调换或电话 021 - 62865537 联系)

中文版序

自拙著《静悄悄的革命——创造活动、合作、反思的综合学习课程》（中文版）2003 年出版以来，中国建设学习共同体的学校改革一举发展并不断扩大，现今改革已迈入第二阶段，各地对于学习共同体的学校改革兴趣高涨，高质量的学校改革实践再次在中国各地开展。自 2004 年以来，我每年都会走访中国各地的学校，细致地观察中国的课堂改革和学习创新情况。（过去二十年间）我访问了中国一半以上的省份和主要地级市。中国教育改革虽然还无法与其经济发展的惊人速度比肩，但确实如火如荼地开展着。不过，即使如此，教育发展仍还与经济及社会发展之间存在很大的时间滞后与速度落差。如何克服这一差距，如何推动"21 世纪型学校"和"21 世纪型教与学"的创新，是实现中国儿童的现在和未来福祉的紧迫课题。从这个意义上来说，我真诚地希望中国教师能够阅读这本展望"教室和学校的未来形象"并描述了"学习革命"的实践和理论的书。

本书收录了 2020 年 4 月至 2024 年 6 月期间我在日本国内的教育类杂志上撰写的文章。当下，世界各国教育正处在历史性转变的关键时期：既需面对世界百年未遇之变局的挑战，又要面向全新时代，抓住教育改革与发展的绝佳机遇期。中国也不例外。

35 年的时间里，在世界范围内发展至今的"21 世纪型的教与学"基于以下三个原理：(1)以教师为中心的同步教学向以学习者为中心的协同学习转型，(2)以"理解"为目的的课堂教学和学习向以"探究"为目的的课堂教学与学习转型，(3)以个体为单位的学习向以协同为单位的学习转型。就中国的教育现状而言，一些学校基于这三个原理成了世界一流的学校，但仍有许多学校由于经济发展与教育改革间的落差的影响，尚未摆脱"19 世纪型的课堂环境"；由于竞争文化的束缚，尚未实现向"协同性文化"的转型，尚未实现"21 世纪型学习"。加之外部环境严峻，年轻人就业困境越来越严重。"学习革命"是解决这一困境的优选之径，自然也是中国未来学校改革的迫切课题。中国学校的教师整体水平与质量不亚于世界上任何国家。现在最需要的是一张可以俯瞰改革的"航海图"及指明改革方向的"指南针"。本书就是以"为 21 世纪型学校改革和实践提供'航海图'和'指南针'"为初衷撰写而成。

本书由北京师范大学的于莉莉和华东师范大学的徐国兴两位老师合力翻译完成（也是一个现实中的"学习共同体"发挥巨大效用的典型案例）。正如我在《学校改革：学习共同体的构想与实践》（北京师范大学出版社，2020）中文版序言中所言，"于莉莉在东京大学教育学研究科我的研究室里学习了 10 年"。因此，她在"学习共同体"理论和实践上的造诣之深自不必说。期待她今后在教育领域里，为中国推进学习共同体的学校改革发挥更大的作用。徐国兴先生师从我在东京大学工作时的挚友金子元久教授，在东京大学教育学研究科比较教育社会学专业学习与从事研究多年，以对中国高中生大学升学选择及其影响因素的翔实调查与理论分析而获得教育学博士学位。本书整体上是从国际比较的分析视角展开阐述，徐先生毫无疑问是最合适的翻译者。衷心感谢两位研究者为本书中文版翻译付出的辛勤工作。

　　同时也衷心地感谢本书的出版方——华东师范大学出版社。这是华东师范大学出版社翻译出版的我的第五本专著。前段时间,我来中国访学与演讲,华东师范大学出版社对我在华东师范大学的演讲及对谈也提供了各种帮助及支持。其间,我向王焰社长表达了对本书出版的期望。借此机会,谨向华东师范大学出版社长期以来的支持致以诚挚的谢意。

2024 年 9 月 30 日

佐藤学(东京大学名誉教授)

译者导读

## 佐藤学"学习共同体"理论的四点解读

佐藤学"学习共同体"理论具有丰富的实践基础和深厚的理论渊源，博大精深。因此，以下四点可能谈不上是导读，而只是译者对它的读者式理解，供大家参考。

### 一、"学习共同体"理论的发展脉络

正如原书在后记中所言，这本书是佐藤学教授从学习院大学①退休前后时期的学术作品集。从这个角度而言，在某种程度上，这本书也是他对自己整个学术和教育人生的回顾、总结与反思。因此，要准确把握本书主旨，就必须首先厘清其学术思想发展的脉络。

研究者的学术思想发展主要体现在公开出版的学术专著中。佐藤学教授著作等身，其中，有很多已经翻译成中文出版。中文翻译版有两个译

---

① 学习院大学实际上是日本服务于皇族及近亲子弟的高等教育需求的私立大学。日本著名学者的学术生涯的一般路径是：①博士毕业后进入较普通的公立或私立高校做老师→②待稍有名气后进入研究型大学做老师→③到法定退休年龄后再到私立大学工作至 70 岁左右。佐藤学的学术生涯就典型地体现了这一点。

者群体：钟启泉教授及其弟子陈静静老师（陈静静曾在佐藤学研究室短期留学）等人；曾在日本尤其是佐藤学研究室长期留学过的中国学者，这主要包括李季湄教授和本书译者之一的于莉莉等人。钟老师团队主要集中于课程和教师，但译著中既有整体聚焦学习共同体的《学校的挑战：创建学习共同体》（华东师范大学出版社，2010），也有部分涉及学习共同体的《教师的挑战：宁静的课堂革命》（华东师范大学出版社，2012）等。后一学者群体是佐藤学"学习共同体"理论的主要译介者和实践推广者，北京师范大学的于莉莉老师更是当前中国学习共同体创建与推进实践的具体负责者。与此同时，国内长期引进出版佐藤学著作的出版社主要是华东师范大学出版社，其出版物以钟老师领衔的学术团队的译作为核心对象。巧的是，尽管华东师范大学出版社出版佐藤学著作最多，是佐藤学教育思想在中国流传的主要推动者，国内影响最大，不过，作为本书学术思想的思想源头之一和理论发展转折节点的佐藤学著作的中文版有两本：《静悄悄的革命：创造活动、合作、反思的综合学习课程》①和《学校改革：学习共同体的构想与实践》，这两书却均非华东师范大学出版社出版。《静悄悄的革命：创造活动、合作、反思的综合学习课程》最初由长春出版社出版（李季湄，2003），《学校改革：学习共同体的构想与实践》最初由北京师范大学出版社出版（于莉莉，2020）。佐藤学教授已年逾古稀，今后是否有时间与精力再著相关新作也属未知。因此，本书中文版由华东师范

---

① 李季湄教授还译有佐藤学著作《静悄悄的革命：课堂改变，学校就会改变》（教育科学出版社，2014），本书译者目前尚未仔细阅读这本译著。但从该书的出版格式的主要侧面来观察，它应是《静悄悄的革命：创造活动、合作、反思的综合学习课程》这本书的修订版，待考。

大学出版社出版,这对于佐藤学"学习共同体"理论的译介者和爱好者来说,可谓是再完美不过的系列译作的出版归宿了。当然,此书由华东师范大学出版社出版,也无疑是华东师范大学出版社长期致力于佐藤学教育学术思想的中国译介、传播与再造事业更上一层楼的完美之举。

因此,必须把本书与《静悄悄的革命:创造活动、合作、反思的综合学习课程》、《学校的挑战:创建学习共同体》及《学校改革:学习共同体的构想与实践》(以下简称为《静悄悄的革命》、《学校的挑战》与《学校改革》)三部译著放在一起,才能彰显本书在佐藤学"学习共同体"思想发展历程中的独特地位。《静悄悄的革命》主要叙述其行动研究的经历以及在行动研究过程中所见所闻的教育教学事实。该书仅在结尾前有 10 多页关于推进学习共同体学校改革的过程的描述。对中国教育界而言,《静悄悄的革命》的开创性贡献是多方面的。但对于理论研究而言,《静悄悄的革命》无疑是让"学习革命"一词成为中国教育界耳熟能详的关键词汇的里程碑式专著。《学校的挑战》基于其个人研究经验的系统总结,初步构建了学习共同体的学校创建与改革的基本框架。尽管书中也多次叙述具体实践片段,但经验叙述主要是为总结升华和理论体系展开服务的。因此,与《静悄悄的革命》偏实践叙述相比,《学校的挑战》相对更加具有理论性。与《学校的挑战》相比,《学校改革》的基本观点几乎没有变化但理论体系的整合程度较高,显得更加成熟。与《学校改革》相比,本书的理论体系整合性则更进了一步,而且,对理论和实践之间复杂关系的把握显得更为精准和均衡一些,同时也更多了一些"曾经沧海"后对教育改革实践的多重角度的反思。总之,与《静悄悄的革命》《学校的挑战》和《学校改革》等书相比,本书既是在系统理论指导下对不同性质的实践经验的总结，也是对理论反哺与指导实践的过程、效果与经验的又一次理论升华。本书从多个角度进一步确证了学习共同体理论作为现代学校改革实践指针的高度有效性。

## 二、"学习共同体"理论的基本框架

佐藤学教授的学习共同体理论博大精深，要想三言两语就全面系统地总结出其要点实在过于困难。就其理论在本书中反复出现的核心之处归纳为三点：学习共同体理论的基本观点是什么？从学习共同体理论出发，能够引出什么样的教育改革实践的指导原则？进行学习共同体建设的学校教育改革时，最需要避免什么？

学习共同体理论的基本观点是什么？学习共同体既是学校改革的哲学，也是学校改革的远景，更是学校改革的活动系统。第一，作为学校改革的哲学，它建立在公共性哲学、民主性哲学和卓越性哲学三个理论基础之上。公共性哲学是指公立学校是公共空间，无论对内抑或对外均应开放。民主性哲学是指没有任何场所比学校更加需要强调民主主义的重要性，但实际上，没有任何场所比学校更加无视民主主义功能。当然，这里的民主并非多数决定的政治程序民主，而是杜威的现代公共生活方式。卓越性哲学是指教与学两者均应追求卓越，如卓越性追求缺失则无法孕育出丰厚的果实。不过，这里的卓越性并非意味着与他人相比意义上的教与学的卓越，而是指无论在何种条件下，相关主体均应对该条件竭力做到最好。第二，作为学校改革的愿景，它向全校教师和学生提供坚持教育改革的崇高信念与精神动力支撑，而非具体的亦步亦趋式的操作模式与实践路径。第三,作为学校改革的活动系统,学习共同体包含三个子系统:在教室里,学生通过协同学习而创建的学生学习共同体;在办公室里,教师群体进行同僚性构建而形成的教学专家学习共同体;在校园里,家长及市民通过深度参与学校改革活动而孕育出的全社会协同的终身学习参加共同体。三个子系统交织互动。

从学习共同体理论出发,能够引出什么样的教育实践的指导原则?学习共同体理论强调学校改革开端的重要性。作为学校改革启动的第一步,坚持学习共同体理论,就要求校长和教师们应该做到:第一,校长适时提出明确而适当的改革愿景,并使之在教师群体里高度共有。第二,彻底改变学校教室的空间布置方式,以利于学习共同体教与学的活动的顺利开展。把面向黑板、线性排列的课桌配置(19世纪型教室)变成男女4人混合小组的课桌配置(21世纪型教室,在小学1、2年级采取"凹"型课桌配置和2人结对学习方式)。实施不让一个学生掉队的沉浸式学习,实施探究和协同的优质学习,创造互相倾听的人际关系,促进"竞争文化"向"协同文化"转变。第三,所有课堂教学的设计均分为"共有学习"(教科书水平)和"挑战学习"(教科书以上水平)两个部分。"挑战学习"水平以三分之一学生能够完成,三分之二学生难以完成为最佳。第四,所有任课教师每年至少进行1次公开教学。在教学研讨会上,不讨论公开教学的教学方法与质量的好与坏,而是基于对"何处学习顺利进行、何处学习遇到障碍、何处存在学习的可能性"的事实的观察进行协议。从儿童学习的事实中,教师们进行互相学习。如此就能够建构作为专家的教师群体的同僚性。

进行学习共同体建设的学校教育改革时,最需要避免什么?最需要避免的一点是，把学习共同体理论作为学校改革模式或者作为学校改革的具体实施路径来看待。

## 三、本书的主要内容

本书的相当一部分内容是佐藤学教授于不同时期写就的、风格迥然不同的学术论文。但经过作者的妙手剪裁，就形成了高度有机的系统的理论整体。

本书的主旨是，在学习共同体理论指导下，国内与国外的学校改革的实践经验表明，学习共同体理论确实能够成为今后学校改革的指南针。与此同时，通过把新近获得的实践经验与相关的经典理论进行系统对话，不仅成功地把学校改革的实践经验提升至系统的学习（教学）理论的高度，同时也极大地丰富了现有的学习（教学）理论的体系。

具体而言，全书分为三个部分。第一部分（10 章），详细地叙述了在学习共同体理论指导下，日本国内不同地区不同类型学校的改革具体措施和相应效果，借以展示学习共同体理论作为当前学校改革的指南针的有效性。第二部分（8 章），在改革经验总结的基础上，把学习共同体理论与日本国内及国外的相关经典理论进行深度和系统的学术对话，以奠定学习共同体理论在世界理论体系中的理论位置。这部分内容虽略显庞杂与晦涩，但可助力细心的读者进一步体会学习共同体理论的科学性和系统性。第三部分（3 章），具体叙述了在学习共同体理论指导下，国外的学校改革实践和国际合作进展。这部分从另外一个较独特的角度，展示了学习共同体理论作为学校改革指导理论的高度有效性，以及在学习共同体理论的指导下,在世界的不同时空中,不同类型的学校改革的成功经验。

## 四、阅读注意事项

读者在阅读本书时,至少需要注意以下三点。

第一,千万不能把学习共同体视作具体的学校改革模式或推进路径。佐藤学教授本人也反复强调,不能把他提出的学习共同体理论作为改革模式来看待,而应该视为教育哲学和学校改革的愿景描绘,推进学校改革深入下去的实践尝试精神。本书初稿审阅专家曾认为,佐藤学教授在本书中有过于强调学习共同体理论的优点之嫌。其实,在仔细阅读之前,译者也有类似看法。但在阅读几遍之后,译者观点有所改变。这个改变与以下两点相联系。

第二,在日本,学习共同体指导下的学校改革主要针对薄弱学校。迄今为止,尚未出现各方面本就位于前列的学校在学习共同体理论指导下进行改革的具体例证。因此,学习共同体的学校改革也有其特殊的情境性。只有理解了该情境性才能理解该理论的独创性。

第三,学习共同体创建首先是学校改革精神的具现与体化。在书中,佐藤学教授曾反复强调,最重要的一点是推进学校改革的精神。正如有首歌唱到的"心若在梦就在",作为典型的情感劳动,学校教育事业的改革需要从业者首先具备相应的适于改革的精气神。

译者一同
2025 年元旦

# 目　录

# 第一部分

21 世纪型学校:"教"与"学"的革命

# 第一章　新时代的学校革新

## 一、时代潮流中的教育①

　　对日本的教育、学校、教学、学习而言，最重要而紧迫的课题就是革新。② 仅就革新这一侧面来说，日本的学校教育似乎已经比世界其他国家晚了 25 年。冷战结束以后，在世界各国，改革的国际化均深入发展。几乎所有国家在政治、经济、产业、教育领域里都迅速出现了改革趋势。可是，33 年前，日本是世界上经济发展非常迅速的国家之一，正处于泡沫经济的顶峰，完全缺乏危机意识，在所有领域中均未进行任何实质性改革。结果就是，日本的经济、产业、社会和教育陷入了长达 30 年之久

---

① 本书中的"教育"一词多指中小学教育即我国学者所谓的基础教育（小学、初中和高中），偶尔也泛指整个国家的学校教育体系。但是，分析与研究的具体对象集中在小学与初中阶段的公立学校。——译者注（本书的脚注均为译者注，以下不再一一说明）。

② 原著中交替使用"革命""革新""改革"以及英语"innovation"的日语片假名"イノベーション"等四个名词。由此可知，在原著中这些词的基本含义一致，分别使用根本上只是表达的语境或习惯不同所致。在翻译时，为照顾中文的行文习惯，也会交替使用"革命""革新"和"改革"三个词来表达近似的"innovation"之意。

的凋零期,经济增长率处于世界最低水平(特殊时期来临之前为世界第170位)。在教育改革推进方面上,日本也成为世界上最落后的国家之一。21世纪以来,世界的学校和教室大都实现了历史性转型。在几乎所有国家里,150年前建立起来的教师中心的同步教学①的教室形象消失了,取而代之的是以学习者为中心、强调探究学习和合作学习的教室。

不过,日本的学校和教室的改革与世界整体发展趋势相比,大约迟了25年。实际上,日本落后于世界还不仅在学校的教学与学习上。33年前,在世界排名前30的企业中,有21个是日本企业。现在,在世界排名前50的企业中,仅有一个日本企业,且排名仅为49位。在过去的30多年间,世界经济平均增长了4倍之多,若以GDP计算,日本仅仅增长了1.6倍。各国劳动者的实际工资收入增长了10倍之多,而日本劳动者的实际工资却年年在降低。日元持续贬值也成为日本经济衰落的有力证据之一。这些均是政治、经济、产业和教育领域改革懈怠的实际结果。

学校教育领域的改革懈怠所导致的落后程度更加严重。2020年,日本公共教育投资与GDP的比值降至世界第138位。即使把专科升学率计算进去,日本大学升学率也只位居世界第44位。研究生升学率位居OECD(Organization for Economic Cooperation and Development,经济合作与发展组织)38国的第29位。最深刻的问题是中小学教师的受教

① 日语原文的汉字为"一齐授业",中文无对应词语。我国学者一般翻译为"同步教学"。其意指"教室空间及活动以教师所在的讲台为中心。主要活动时间是用于教师背对黑板面向全体学生讲授知识。学生面向黑板听讲,接受教师的提问,基本照抄老师的黑板板书"。(详细描述请参阅佐藤学.学校改革:学习共同体的构想与实践[M].于莉莉,译.北京:北京师范大学出版社,2020)。

育水平。从世界范围来看,在大部分国家,三分之一的教师拥有硕士学位或者至少有研究生学习的经历。但是,在日本,小学教师拥有硕士学位的为 5％,初中教师为 9％,高中教师不到 20％,各个学段均处于世界较低水平。

学校教育改革的落后状态从教室里课桌的空间配置一眼便知。课桌一排排并列朝向黑板的配置源于 19 世纪。但是,在日本,这种课桌配置方式的教室仍然大量存在着。从 20 年前开始,世界上 21 世纪型教室的课桌配置就变成了小学一二年级为"凹"字形①,其余年级为 4 人男女混合小组的配置方式。以学习者为中心的探究学习和协同学习正在逐步实现之中。

## 二、学校与教室革新

在日本政治、经济、产业和教育越来越凋零的时代,如何才能确保儿童从现在到将来的幸福生活? 在各方面均越来越内卷的时代,找到未来教育的希望所在并非易事。根据联合国儿童基金会(UNICEF)的报告书(2022 年),日本儿童的幸福度在调查对象国的 38 国之中位于倒数第

---

① 原文为"匚"形。根据汉语习惯翻译为"凹"字形。其意为"在课堂教学过程中,小学一、二年级学生围坐在老师身边学习的教室空间的配置方式"。佐藤学教授认为,这是与"同步教学"相对的现代教室的空间配置方式(详细描述请参阅佐藤学. 学校改革:学习共同体的构想与实践[M]. 于莉莉,译. 北京:北京师范大学出版社,2020)。一定的教室空间配置必然与一定的教学方式、方法相对应。因此,也有研究者认为这是课堂教学方式。下文的 4 人男女混合小组与此类同。

2 位。因此，不管现实如何困难，为了实现儿童的幸福，进行学校教育改革是当务之急。

图 1-1　追求学习革命的教师们

作为教室与学校未来发展的改革指针，以下各点是需要优先解决的课题。

第一，为了弥补学习损失，实现学习革命，必须尽快走出传统的 19 世纪型教室模式，进入 21 世纪型教室模式。朝向黑板、课桌平行排列的教室无法实现 21 世纪的探究与协同学习。由于特殊时期对学习的管控，本就落后于世界各国的日本教与学的改革就更加落后了。如果对此放任不管，也许导致很多孩子将来都无法找到合适的工作。

第二，有必要重新界定教师工作的核心内涵。19 世纪和 20 世纪的教师被称为"教学专家"，21世纪的教师应该是"学习专家"。30年前，教师的工作是进行教材研究，设计课堂提问和板书，撰写教案和实施教学实践。现代的教师与此根本不同。教师的工作是，设计学习课题，协调探究和协同等学习活动，观察学习活动并进行判断与反思。如果教师未能从"教学专家"向"学习专家"成功转型，教师们就不可能引导学习革命。

第三，有必要进行学校组织和管理的革新。过去的学校是官僚机构的末端，实行工厂生产体系的管理方法（分工管理）。但是，21世纪的学校是专家共同体，具有高度自律性，以专家学习共同体作为组织的存在与发展的目标。可以说，日本的学校组织与此发展趋向相背而行。与50年前相比，教师的个人研修时间缩减到三分之一，校内研修时间缩减到五分之一。教师整日被迫忙于各种会议与杂务。通过学校组织与管理的革新，废除或减少教师的会议与杂务。学校管理与运营的重心放在教师的校内研修上，推进学习革命和教师学习，把传统学校变成新型的专家共同体。

第四，提升市·町·村教育委员会①的自律性，确立改革目标。21世纪的学校必须成为地域共同体的教育与文化的中心。目前是地方分权的时代，市·町·村教育委员会应该充分发挥其作为地方自治组织的自律性和自主性，构筑学校教育的创新型愿景，这些愿景应充分符合地

---

① 市·町·村是日本最基层的行政单位及社会组织单位。在法律意义上，纵向而言，日本的基层、中层、高层的政府行政单位之间并无组织上的垂直隶属关系；横向而言，市·町·村教育委员会为完全自治机构，全面负责当地教育领域的决策与运营事务，高度独立于相对应层次的政府行政机构。

域社会教育与文化的未来发展。

如果缺乏此类富有创造性的政策行为，地域社会的未来、学校的未来和儿童的未来的幸福就不可能实现。因此，上述所有未来幸福的实现均系于改革成功之上。

## 第二章　学习革命的指南针

### 一、重新定义学习

21世纪是创新的世纪。政治、产业、经济、社会、文化和教育均通过创新而改革并向前发展。日本经济30年凋零是忽视了创新的结果,教育领域也不例外。

创新意即,预示未来发展趋向的微小变化最终引起整体结构根本变化的社会现象。数字相机就是典型。数字相机在20世纪90年代初进入市场。当时,胶片相机的性能更为优良。但是,时至今日,几乎所有的相机均是数字型。同样的事例还有很多,比如,网上购物平台和ChatGPT等当前的巨大发展变化均由创新而成。

现在,面对时代诉求的学习创新,我们应该如何推进?

创新研究者克莱顿·克里斯滕森(Clayton Christensen)曾把创新分为"破坏式创新(disruptive innovation)"和"渐进式创新(sustainable innovation)"。破坏式创新是在尚未有市场需求的地方进行尖端开发,从而创造出新型市场。渐进式创新是因应现实需求,在现实基础上继续推进的创新。

35年前,我提出了"学习共同体"概念,并在理论和实践两个方面大力推进。提倡通过"创新（innovation）"和"网络（network）"进行改革。其中心是"21世纪型学校"的创建和学习的"破坏式创新"。

"学习（学び）"这个概念的重新使用本身成了创新的基石。最初使用该词的是我的同事佐伯胖①教授。他从1992年起开始使用这个词。自1868年以来，"学习（学び）"就成为了死语，取而代之的仅是"努力（勉强）"和"学习（学習）"这两个词。"勉强"和"学習"两种学习的概念已经无法表征21世纪型的学习创新。自佐伯胖使用后，时至今日，"学习（学び）"一词迅速得以普及。可以说，"学习（学び）"这个词的复活与使用普及成为其后学习创新的引爆剂。②

那么，如果换个角度来看，学习是什么样的人类行为？毫无疑问，学习是知识与技能的获得。但显然又不仅止于此。学习的历史无比悠久。学习一词自人类开始有文化传承起就得以使用，其概念内涵自哲学创始起就引发众人思考。

古往今来，不管是东方还是西方，学习经常被比作漫游四方的旅程

---

① 佐伯胖，日本著名教育学者，东京大学教育学部·教育学研究科学校教育学专业的教授、专业主任，曾任日本东京大学教育学部部长·教育学研究科科长，为佐藤学教授的直接前任。

② 在现代日语里，对应汉语的"学习"有三类词："ランニング"、"勉强"或"学習"以及"学び"。"ランニング"是英语"learning"的日语片假名形式。现代日语一般采取外来语的片假名形式，来表示该词意义与原文的高度一致。"勉强"或"学習"均为借自古代汉语的日语词汇，很多词汇在相当程度上保留了汉语的原意。当然，也有部分变化或大部分变化的词汇的例子。不过，这两个词的含义几乎与汉语原意相同。"学び"是日语的动词"学ぶ"的名词形式，它是典型的日语的自有词汇。近代以来，日本学者在意欲表达"具有日本独特性"的概念含义时，往往喜欢使用日语自有词汇。

"journey"。如果模仿这个定义,则就可以把学习定义为:从已知世界向未知世界的旅行。我们在学习之旅中,与新世界相遇并对话,与陌生他者相遇并对话,与自新之我相遇并对话,该旅程的整体汇成学习经验。换句话说,学习过程就是世界创造、朋友创造和自我创造的过程。总之,学习就是上述三种对话实践的三位一体。我在如此定义之时,参考了康德的《何谓启蒙》以及福柯晚年的同名论文。学习具有多种含义,对其进行定义无比困难。但是,不管是在理论研究还是在实践中,对其进行最低程度的综合定义都非常有必要。

　　该定义与汉字"学"的意义要素一致,这值得深入玩味。白静川认为,汉字繁体字"学"的头上有两个"乂"。上面的意思是与祖先的灵魂交流,下面的是与同伴之间的交流。两旁是支持这两个交流顺利进行的教师的两只手。祖先的灵魂可以说是文化财产。在教师的支持之下,与文化财产之间交流,与同伴之间交流,于是就有了学习。① 如果回到"学"的原意上去,那么,学习革命就是通过高度创新,以开拓未来,从"努力"向"学"转型是学习革命的内涵之一。但仅有此还不够。以下,就对当前所需要的学习革命的具体内涵进行详细分析。

---

① 此处对"学"的说文解字与我国学者的基本认识不尽相同。作者仅是借此古文字学的观点,来展开说明自己对"学"(即现代的学习)的基本理解,并非表达古文字研究的观点。

## 二、向探究和协同学习转型

### （一）从"理解"向"探究和协同"转型

21 世纪型学习的核心是探究（inquiry）和协同（collaboration）。从 19 世纪至 20 世纪，教与学的中心是理解（understanding）。教与学从"理解"向"探究及协同"转型有两方面的主要原因。

其中的原因之一是，经济全球化的迅速发展。在此背景之下，在任何国家的劳动力市场上，简单劳动均急剧减少。与此相对，知识劳动和专业服务占据了一半以上。传统教室里的教师中心的同步教学是培养简单劳动力的高效体制。如果以"理解"为目的的教师中心的同步教学模式继续下去，儿童将无法顺利走出学校和参与到社会之中。出于这种危机意识，世界各国开始用 21 世纪型教室（男女混合 4 人小组）取代 19 世纪型教室，提倡重视学习者主体性，进行"探究和协同学习"的学习革命。

其中的另一个原因是，知识本身也在急速变化。在知识经济社会里，学校被要求实施"探究和协同学习"，以为学生的生涯学习打下坚实的基础。

### （二）探究和协同学习的条件

探究和协同必须作为统一体而实施。思考是与自己的对话，因此一个人也可以顺利进行。但是，探究是多样化思考的综合体，一个人无法顺利进行。如果没有探究而只有协同，学校的学习就失去了意义。因此,探究与协同之间具有密不可分的关系。

探究和协同学习的前提是,对教室环境(场所)、教师和学生之间的关系进行改革。课桌排成一排排,面向黑板的教室,不可能实现探究与协同学习。教师中心的教学当然也不可能实现探究与协同学习。建设21世纪型的教室(4人小组的课桌配置),设计学习者中心的学习活动,构筑互相倾听的生师关系,这些均是探究和协同学习顺利进行的大前提。

### (三)探究式对话与支援请求

在进行探究和协同学习的小组活动中,最重要的事情是不要"协商"。把小组活动误解为"协商"活动的教师最多的国家主要是美国、中国和日本等。误解起源于美国流行的合作学习(cooperative learning)方式对这些国家的学校教育的巨大影响。那么,为何不能把小组活动理解为"协商"活动?"协商"活动的具体话语形式是,"我这样想""我是这样思考的""我的想法是这样的"等以及交流已经理解的学习内容。因此,在"协商"过程中,学生并未学习。这是因为,学习是从已知世界走向未知世界的旅程。

为了提升小组活动的学习效果,学生的发话不能是"发表性对话(presentational talk)",必须是"探索式对话(exploratory talk)"。"探索式对话"就是,"这是什么?""那个没有关系吗?""若非……?"喃喃自语和模糊的轻声细语交杂而进行的对话。因此,如果小组学习的"探索式对话"顺利进行,那么教室就应该非常安静。"探索式对话"不是"协商"而是"互相倾听",不是"互教互学"而是"共同学习"。为了实现"探索式对话",学习课题水平的设计非常重要。如果"探索式对话"不慎流向"协商"活动之中,任课教师就必须及时介入,相应地提升学习课题的水平。

"探究式对话"还需要一个前提条件,那就是"支援请求(help seeking)"。支援请求是,在不理解之时,以"喂,这怎么做?"等话语来请求身边的儿童给予支援。对成绩较差的学生而言,"支援请求"特别重要。"支援请求"行为引领小组学习,建立互相关心的同侪关系,实现探究式协同。

探究与协同学习以学习场所(教室环境)和相互关系(互相倾听)的整备为前提,通过"探究式对话"和"支援请求"而得以顺利实现。

## 三、真实性学习与挑战学习

### (一) 真实性学习

学习革命需要面对的一个课题是,如何实现真实性学习(authentic learning)。当然,真实性学习的内涵具有多样性。例如,现实世界中的学习、采取探究方式的探究式学习、寻找多样知识与现实课题关联性的学习、不存在正解的探究性学习、通过与他者协同追求真实性学习等。这些定义均可在以往文献中看到。

真实性学习定义的混乱源于真实性(authenticity)的历史复杂性。真实性这一概念最初由卢梭(Jean-Jacques Rousseau)提出,是指个体"内部心声"的"真实性"。沿着这个概念逻辑,真实性学习则意味着学习者的"内在真实"。然而,在社会大众之中,"真实性"则指绘画和乐器等非赝品而是真品,而且,该概念意涵已经得到广泛普及。如果沿着这个意义逻辑,真实性学习就意味着学习对象(内容)的真实性。

尽管真实性学习的概念内涵多样,但在实际操作时,真实性学习必须同时包括以下三个方面:①符合现实语境的学习;②追求学科本质的学习;③展现学习者内心真实的学习。

现在之所以追求真实性学习,是因为教室中课堂上的学生学习既脱离了现实也脱离了学科本质,更与学生的内心呼声无任何相干。杜威曾经揶揄过传统教学,认为其就像让学生在地图上旅行一样。为了让学习名副其实,必须把地图(教材知识)交给学生,让其开始真正的旅行。

**(二)Ⅰ型学习和Ⅱ型学习**

真实性学习相当于哲学家格雷戈里·贝特森(Gregory BateSon)的Ⅱ型学习。贝特森曾把学习分为两种类型:Ⅰ型学习和Ⅱ型学习。Ⅰ型学习是特定领域知识的学习,Ⅱ型学习是该领域知识的学习方法的学习。Ⅰ型学习能够通过观察和测量可视化,Ⅱ型学习是学生的内部思考,故无法可视化。Ⅰ型学习和Ⅱ型学习之间,哪一种更重要呢?当然是Ⅱ型学习。这是因为,如果Ⅱ型学习未能实现,则学校里学到的大部分知识对于人生而言均无任何意义,不过是一堆垃圾信息而已。

当前,学校里的大部分教学是否一直在促进Ⅰ型学习呢?如果要在教室里实现Ⅱ型学习,那么学校和教学应该如何改革?方法只有一个。那就是,让学生自己沿着现实语境的要求,进行探究式学习(即沿着学科本质的学习)。

### （三）挑战学习

在我所推进的学习共同体的学校改革中，一节课组织如下：前半部分是教科书水平的"共同学习"，后半部分是超过教科书水平的"挑战学习"（三分之一的学生能够完成的学习主题）；通过协同式探究实现真实性学习；在具体教学中，学习设计的口号是"小心设计共同学习，大胆设计挑战学习"。

"挑战学习"具有巨大效果。它保障了不让任何一个孩子掉队的教育目标，让每一位孩子均能够沉浸于学习之中，促进探究式学习，最终实现真实性学习。

"挑战学习"还具有其他意想不到的效果。它能够提升较低学力儿童的学习成绩。教师一般认为，学习是"从基础向高级发展""从理解走向应用"的过程。不过，这应该是针对中等或较高学力儿童的情况而言的吧？低学力儿童通过从高级返回到基础、以应用促进理解而顺利地实现了学习。因此，"挑战学习"具有促进低学力儿童提升的明显功能。

所有的儿童均特别喜欢"挑战学习"这个环节。因此，希望教师们在日常教学过程中，尝试把"挑战学习"融入课堂教学设计之中。如此尝试之后，你就会理解"挑战学习"在教学中实现真实性学习的重要作用。

## 第三章 从互相倾听关系到探究及协同: 超越不利现实条件的制约

### 一、从对话走向探究和协同

2021 年 6 月 11 日,我访问了茅崎市的浜之乡小学。该校教师队伍去年曾有一半新旧交替,今年春天又有一半教师新旧交替。去年校长也换成新人了,新校长为学校创立时期的教师青柳和富。但他仅仅在任了一年之久,就又回到教育委员会工作。今年又换了新校长,新校长是高桥励。在如此特殊时期之中,如此大规模、连续不断的教师轮换让该校继续坚持教育改革的难度增加。已经坚持了 23 年的教育改革能够继续下去吗?带着这样的危机感,我访问了该校。不过,在访问了所有教室之后,我看到今年的改革工作比去年启动得更为顺利,就一下子放心了。该校需要保护以及准保护的儿童占 30%①,因此,教室里存在许多需要特别支援的儿童。在这样的学校里,学习共同体建设是不让任何一个儿童掉队、保障学习权利、实现优质学习的必要条件。

---

① "保护"指根据日本法律规定,对离家出走者、未成年人、生活贫困者等人员,政府的公务员为确保其安全,对其进行救护或援助,以使其获得新生。

学习共同体改革的核心是建立互相倾听关系。借由此种关系，与对象世界(text)对话，与他人对话，与自己对话，通过对话而学习。学习共同体的这个创新内涵是我从西冈正树的教学实践中学到的。他是该校担任 3 年级班主任的一位老教师。

在西冈正树任教的班级里，有一位名叫芳树(化名，以下学生名字均为化名)的孩子。芳树患有学习障碍症。芳树在今年的 4 月份写过如下的一句话。

> "乘法中的思维方法非常难。7 乘 1 不可能变成 7 以下的数字。达也(另一位儿童的名字)的说明很容易理解。"

芳树在一个半月后的 6 月初，又写了下面的一段话。

> "除法运算就是分'几份'。几份就是乘数。几份用在乘法的'一份的数量×几份＝全体的数量'之中。真简单啊。现在，我不明白的是'一份的数量'。'一份的数量'在乘法中叫作被乘数，非常难懂的名称。现在，我思考的是'一束的数量'。比如说，有 5 束，1 束就是 5 束都有的份量。所有的事情都让人感到高兴。"

在一个半月之间，芳树身上发生的变化让人吃惊。在 4 月份的句子里，除了"下"这一个是汉字以外，其余的都是平假名。但是，在 6 月份的句子里，"除""几份""数""乘法""一份的数量""全体的数量""名称""思考"等，几乎全是用汉字写出来的。汉字使用数量急剧增加意味着芳树达到了抽象思维的水平。

在 4 月写成的那句话里,数学相关的概念一个也没有。与此相对,在 6 月的段落里,"乘数""一份的数量""几份""全体的数量""被乘数""一束的数量"等数学概念均得到明确的运用。

这个变化表明,在芳树心里,内部语言(作为思维工具的语言)已经发展。观察小学三四年级的课堂教学就可以观察到,随着儿童"内部语言"发展,"自己对话＝思维"一下子就发展起来。上述芳树的变化就是这个发展过程的典型例子。正如维果茨基(Lev Vygotsky)所言,儿童的"外部语言(作为交流工具的语言)"首先发展。这个"外部语言"如果内化,"内部语言"就发展起来了。芳树从四月到六月的变化明确地显示了这一点。

这里还有一个问题值得研究。芳树身上如此明显的发展从何处而生? 这个变化不可能是自然出现的。其出现的基础应该存在于该校的教室里的课堂教学上。该校教室里的课堂教学追求基于互相倾听关系的对话型学习。小学一二年级有 2 人结对学习①的大量经验。6 月份芳树写下的段落中出现的"一束的数量"是二年级的乘法教学中学习的概念。芳树利用"一束的数量"这一概念试图理解"一份的数量"这一概念。尽管利用"一束的数量"概念去理解"一份的数量"概念的思路在理解分数和比例时并非十分合适,但是,在这个发展阶段,能达到如此程度已经非常好了。

在一二年级的阶段,2 人结对学习经历的对话学习的丰富程度决定着芳树的发展的速度,也就是说,决定芳树内部语言的发展程度。而且,

---

① 日语原文为"ペア学習(pair learning)"。国内教育研究者一般翻译为 2 人小组学习。具体斟酌其意,本书翻译为 2 人结对学习。

从 4 月开始,在三年级的教室里,又经历过 1 个半月的以"互相倾听关系"和 4 人小组"探究和对话"形式的"探究和协同学习"。这些学习成为其发展的直接推动要因。

## 二、通过对话创造探究与协同

这天,骨干教师古屋谦一在四年级教室里进行了一堂公开教学课。他选择的文学作品是《熊绅士》(阿万纪美子作)。与广为人知的《白帽子》一样,《熊绅士》也是魔幻作品。出租车司机松井注意到,乘车的"绅士"把钱包落在车上了。他按照钱包里的名片"熊谷株式会社　熊野熊吉"的线索,找到这位乘客的家。"绅士"带松井到自己的房间,用威士忌和好饭好菜招待松井。这位绅士实际上是一只熊,被人类赶出了居住地"こたたん山"。他告别同类,潜入人间,化为人类生活下去了。松井喝醉后,失去了意识。不知道过了多久,松井突然间清醒,发现自己竟然站在"绅士"住所的玄关之前。松井又按了按玄关的门铃,屋内传出开瓶栓从瓶子中拔出的声音。这时候,松井的心脏"怦怦"剧烈跳动并开始响起来。到这儿,故事就结束了。

一方面,日本的文学故事像"饭团咕噜噜转"①和"笠地藏"②那样,有

---

① "饭团咕噜噜转"是著名的日本民间故事之一。其情节大致类似在我国广为传播的俄罗斯民间故事《渔夫与金鱼》(普希金著)。
② "笠地藏"是著名的日本民间故事之一。故事的主要内容是,一位贫穷的老爷爷曾经给在雪中的地藏菩萨戴上斗笠。后来,在除夕夜,地藏菩萨就给这位老爷爷带来米和金钱。

在故事的结尾突然转向魔幻世界的传统。另一方面,又有"幽灵"故事的传统(折口信夫①的总结),借助死者灵魂显现来叙述故事。《熊绅士》作为名作,结尾既有折向魔幻世界的色彩,但其故事的结尾方法也有幽灵故事的味道。

与西冈老师的课堂教学②一样,古屋老师的课堂教学也通过建立互相倾听关系培养每一位学生。4 人小组的探究与协同的学习方法同样令人赞叹不已。

文学教学不能使用与他人对话的方式进行。通过大家的对话而理解不是文学教学。文学教学中真正的学习是通过学习者与课文对话而进行的个人学习,是"个人与个人的碰撞磨合"。文学阅读不是阅读理解而是阅读描写。这种学习至少需要 12 分钟的出声朗读或默读。古屋老师深刻理解这一点,并在此原则指导下开展教学。12 分钟的与课文对话、接着是小组内"个人与个人的碰撞磨合"3 次以上。其中,穿插课文出声读 3 次。班级的儿童各具个性,这就使大家的朗读呈现出各不相同的特色。

班级里有位名叫健太的同学,他患有多动症。健太半年前刚从北海道长万部转学至此③。古屋老师首先点名让健太来朗读。健太读得结

① 折口信夫(1887—1953),日本著名学者、作家、文学家、民俗学家、评论家、语言学家。
② 这里的日语原文为"教室",但显然这里不能直接翻译为中文的"教室",翻译为"课堂教学"更合适一些。在原文中,作者在不同场合分别使用了"教室"一词的三个不同含义:物理空间、活动空间和教学空间。译文在不影响阅读的前提下,尽量直译为"教室"。这是因为,使用"教室"可涵盖上述所有含义。
③ 这里是阿伊努人聚集居住的地方之一。阿伊努人是主要生活在日本北海道的少数民族。

结巴巴。但是，这种读法太棒了。人们常常想当然地认为，儿童准确、流畅地朗读才是优质阅读。这种认识有误。一个词一个词地读，一个词一个词地在头脑里描绘出文学形象才是优质阅读。在上课过程中，古屋老师让学生听了作者阿万本人的课文朗读。健太在上课开始时的朗读正与作者本人的朗读方式一样。

完全沉浸在上课之中的健太中途突然离开了教室。然后，又抱着一本书走进教室来。其后，他的发言让人尤为吃惊。他说"这个'こたたん山'的'こたん'在阿伊努语里是'村落'的意思"。①

## 三、消除学校（教室）之间的不平等

从浜之乡小学的研讨会回来的路上，想起一年来参观的国内各地约50所学校以及线上参观的海外约20个国家的学校的教室。在推进学习共同体改革的学校里，不让任何一人受到歧视，实现了平等公正的教育，通过探究和协同追求优质学习。不过，在文部科学省和教育委员会"指导方针"的影响下，让所有学生都孤立成为个体，仍然实行教师主导的同步教学的学校还真不少。这些教育委员会和学校究竟是如何考虑学生的学习权利和未来呢？

---

① 从教学促进儿童发展的角度而言，这节课在这个患有多动症的儿童身上取得了明显的教学成果。儿童通过这节课的文学学习，在这里出现了两个思维上的明显创新。第一，把日语"こたたん"的"た"省略，创造出原文中没有的新词"こたん"。第二，通过借助个人经验的联想，把日语"こたん"与阿伊努语发音相同的"村落"一词联系起来。上述这些教学成果是所有教学评价或学业考试均难以测量的东西。

尽管在教学过程中受到特殊时期特别影响的儿童一个也没有,但是让桌子一起面向黑板的教室配置使学生们疏远了学习,从而剥夺了学生的学习权利。追求探究和协同学习的学校和逼迫儿童接受同步教学的学校之间的教育不平等逐渐扩大。

据我所知,欧美各国在开学之初,为应对紧急情况,采取了学生课桌分散的对策。但是,当发现儿童之间基本上相安无事时,就恢复了通常的 4 人小组方式。本来在发达国家,课桌一起向前配列和同步教学在 20 年前就已经消失了。特殊时期采取特殊防范固然重要,但也不能以牺牲儿童学习质量为代价,不能剥夺儿童学习的权利。教师教了也未必意味着学生学了。学习需要学生个体与他人之间的协同,仅有个体学生存在,学习就不能成为学习了。

# 第四章　从冲绳岛最南端学校到北海道最北端学校

## 一、访问冲绳本岛南端的学校

　　在政府发出紧急事态宣言之后，2021年9月4日，我访问了冲绳本岛最南端的系满市立米须小学（多贺明彦校长）。在拥有如此之多充满历史记忆和神奇之地上，学校建设成为了推进学习共同体的优质教育改革基地。前一天（9月3日）在那霸机场接受核酸检测之后，我直接到系满市，在"那霸一步之会"上作讲演。线下会场限定听众15名，线上另有70名教师参加了这次会议。

　　去年因为情况紧急未能来这儿，这是时隔两年的重访。中间的这段空白期促使我重新思考冲绳这片土地的自然与社会。从榕树等冲绳本地特有的每一棵树里，我似乎都能感受到一种灵性的存在。这里的一片土、一块石、一棵草都富含生命之魂。这是为什么？在冲绳，自然与这儿的居民们的灵魂相呼应。学校的教师也一样。以组织"那霸一步之会"的初鹿野修（原那霸市小学校长）和多贺明彦校长为首，冲绳教师们展现出诚实教育和真诚学习的光辉形象，这形象里蕴含着在日本本土几乎看不到的一种如白银般闪闪发光的纯粹精神在内。

　　次日，参观米须小学的所有教室。教室里，儿童学习质量之高和教师致力于教学的专心程度让我感动。该校2年前开始挑战,进行学习共同体改革。鉴于特殊期间凭空出现的诸多管制,多贺校长和教师们付出的如此之多的不懈改革努力就更值得尊敬。该校提倡的并非"互相诉说式对话",而是"互相倾听式对话",并以此"创造高质量学习"。鼓励教学研究转型,从评价视角转向反思视角,以此类教学研究促进"不让任何一人掉队,谁都能继续学习的学校创造"。学校改革的愿景表述得如此清晰真让人感动不已。

这天,进行观摩教学的是骨干教师上原真纪。她具有让儿童爱上学习的出类拔萃的教学能力。上午,我们观看了她去年曾任教过的六年级学生的互相学习活动,同时又观看到她现在任教的五年级学生沉浸在学习中的身姿,深深为其教育能力所感动。上午短时间观察了她任教的社会和国语的教学活动。印象最深的是儿童的探究和协同自然地动态开展的过程。比如,上原老师即使什么也不说,如果孩子们想进行小组探究,就自觉开始小组学习。

观摩教学的主题是"图形的角"。最初,通过幻灯片放给学生们看一个大画面,画面内容是那霸市内的琉球玻璃村的几何图形的描画。这个教学的设计分为三部分:"共有学习1:平行四边形平铺到平面上是否能铺成一个完整平面?""共有学习2:梯形、普通四边形、凹型四边形,各自平铺到平面上是否能铺成一个完整平面?""挑战学习:在什么样的条件下,各自平铺到平面上能够铺成一个完整平面? 正五角形铺到平面上是否能铺成一个完整平面?"三角形铺满平面的问题在小学教学中非常常见,但是四边形铺满平面的问题只在初中学校里看到过。特别是凹型四边形铺满平面对于初中生来说,是较高难度的挑战型课题。因此,对于小学生来说，即使说这次的"共有学习的课题"是"挑战课题"也不过分。

孩子们使用平板电脑模拟各种形状图形如何铺满一个平面，进行探索学习。由于使用平板电脑，前半部分教学就容易成为个人作业。随着课题难度增加，教学开始转向班级学习的本质：协同学习，学习中探究的程度增加。在几乎所有学生均实现共有学习的任务之后，上原老师转向全体学生，开始进行挑战学习。当老师发问"在什么条件下可以铺满平面"时，学生回答"图形如果一致可以铺满"。然后，开始转向另一个"挑战学习：正五角形可以铺满平面吗？"这次采取小组学习方式，学生们通过小组学习认识到，正五角形即使一致也无法铺满整个平面。然后，整个教学活动结束。

公开教学研讨会结束之后，在校舍后古城墙的断石残垣间深深扎根生存的榕树上，我似乎又看到了它们的灵性。这使我禁不住回想起，在刚刚结束的教学过程中，在学生和老师身上显现出来的、这个学校独特的灵性。从这种灵性的光辉里折射出冲绳教育的未来。

## 二、访问北海道最北端宗谷的学校

我站在北海道最北端的宗谷岬眺望桦太岛①，并访问了滨顿别町滨顿别初中（细谷隆志校长）。北海道总谷地区土地贫瘠。沿途一直开下去，目之所及就一直是毫无生机的连绵不断的荒凉之地。滨顿别町就在这片荒凉的土地上。从滨顿别町开车去最近的便利店据说也需要一个

———————————

① 即俄罗斯的萨哈林岛，日本习惯称之为桦太岛。

小时。北海道边境地区以及该地区的学校濒临被社会抛弃的危机,避免陷入这个危机就要通过教育拓展儿童和学校的未来。

就上述使命和责任,在车中,来迎接我的久宝俊博教育长和细谷隆志校长与我交换了看法,并达成了一致。滨顿别町初中从两年前开始推进学习共同体改革。改革动机源于细谷隆志校长参观了静冈县富士市元吉原学校,被该校学习共同体的改革感动。于是,细谷隆志校长请求北海道大学守屋淳教授给予协助。守屋教授也多次访问过滨顿别町初中,支援该校的改革事业。

该校主张"从互相倾听关系转向真正学习""学习、关心和教学研究一体化"。去年一年之内就召开了 40 次教学研讨会。今年计划每位教师进行 7 次公开教学和 60 次教学研讨会。改革成效非常显著。一个也不掉队、所有学生均潜心学习的情景出现在该校的所有教室里。原来低于全国平均线 10 多分的数学成绩也一转而为高于全国平均线 10 多分。一般而言,在整个学校实现学习共同体改革的目标需要 3 年或 4 年。但是,该校仅仅用了 2 年时间,就达成了学习共同体推进改革的目标。

午后,进行观摩教学的是石黑裕士老师。教学内容是初中一年级历史"从院政到武士进入:平家的政权及其灭亡"。"共有学习"是,完成教师发放的"院政与平家政权掌握年表"的书面作业。依据的资料是"平氏谱系图"和"日宋贸易的地图、品目和宋朝情况"。课题是"武士如何最终掌握了政治实权",接着是"挑战学习"。配备的资料是"坛之浦的地形和照片""坛之浦战斗的情况"(选自《平家物语》)"源平争斗的变化"(标记源平势力的日本地图和主要战斗的年表)。课题是思考"平家为何在坛之浦灭亡"的多方面影响因素。教学内容丰富,教学设计结构清晰。

这个观摩教学显示出，入学以来半年间学生们所掌握的探究与协同学习的熟练程度。在"共有学习"部分，学生们在解释"平氏谱系图"上花费的时间超过了预想。但是，除此之外，其他方面的学习成果均超过石黑裕士老师的预期。教学结束之后，在教学讨论会上，参观者众口一致，称赞学生们的相互关心和探究学习的质量非常高。

## 三、学校整体改革的经验

浜顿别町有库查罗（kutcharo）湖。这个湖里经常有天鹅等野生水鸟飞过来又飞过去。第二天早晨，沿着湖岸散步，遇到一大群从遥远的西伯利亚经过这里的天鹅和越冬而来的野鸭。库查罗湖是拉姆萨尔公约①的指定地。成千上万的野鸟飞来，短暂歇息后又飞去。天鹅与野鸭排成 V 字形飞行，但是却没有固定的领飞者。鸟群里，大家交换着做领头鸟。后面的鸟与前面的鸟保持一定的距离和角度，产生上升气流，以适合飞行的最小能量值往前飞行。

学校也是同样。在推行学习共同体的学校和教室里，名义上的领导者不存在。通过建立具有互相倾听关系的共同体，教师与学生均主动寻找最适合的改革方向与能量值。参观系满市米须小学和浜顿别町的浜顿别初中并观摩教师的课堂教学后，我强烈地感受到这一点。

建设互相倾听共同体的教育改革具有系统论的方法视点。这个视

---

① 《拉姆萨尔公约》为《国际重要湿地特别是水禽栖息地公约》（*Convention on Wetlands of Importance Especially as Waterfowl Habitat*）的简称。因首次会议在伊朗的拉姆萨尔召开故名。

点对学校改革和教室改革特别重要。这些系统的教育改革之所以成为可能，是因为有多贺明彦校长和细谷隆志校长的优秀学校经营理念。这二位校长明确提出改革愿景，对每一位孩子和教师给予全心全意、细致的支持和支援，实现了决不落下任何一人的教师与学生双方面的优质学习。教师与学生不是在领导者的牵引下进行学习，而是每一位均成为学习活动的主人翁去组织学习共同体。这是两所学校整体改革成功的秘诀所在。

　　对这两所学校访问之时正值日本第五次紧急事态宣言及其之后的一段时间内。国内很多学校封闭或实施了一定程度的学习限制措施。这就进一步剥夺了学生的学习权利，降低了学习质量。但是，这两所学校均勇敢面对学校教育和地域经济的危机，努力开拓儿童和地域社会的未来。从他们的行动中，我看到了走向未来的希望之路。

## 第五章　以探究和协同促进优质学习：通过探究
## 　　　对话进行小组学习

### 一、探究性学习的要件

在特殊时期，学习质量的地域不平等和学校不平等不断扩大。OECD、ENSCO、世界银行推断，在特殊期间，贫困阶层儿童的学习、感情和身心健康所受到的负面影响会是富裕阶层儿童的 5 倍。特殊时期不仅扩大贫富不平等，而且加倍扩大了贫富阶层间的教育不平等。进入特殊时期 2 年多以来，我访问了国内约 70 所学校、海外 20 个国家的约 50 所学校（线上），对其学习改革进行支援。我最担心的一点就是地域间和学校间的教育不平等。

仅就国内学校而言，我所访问的学校多是当地县内或市内外部经济社会环境较差的学校。在进入特殊时期 2 年多以来，其中很多学校的学力一跃成为都、道、府、县①内的最优水平。如果学业成绩②平均的满分

---

① 都、道、府、县为日本的行政区划，相当于我国的省、自治区、直辖市。
② 日语原文为"学力"。这里根据中文习惯翻译为"学业成绩"。其实，更进一步而言，最近 20 年来，这应该具体是指日本全国中小学生学业水平测试的分数。近年，日本每年对全国小学六年级和初中三年级的所有（过去曾（转下页）

为 100 分,上升了 20 分或 30 分的学校很多。尽管这是推行学习共同体改革的成果,但是冷静下来考虑,这样奇迹般的学习成绩上升绝非值得高兴之事。这是因为,在特殊时期的管制政策之下,这同时也是其他学校学习质量下降的结果。在恢复传统的同步教学方式的学校和推行学习共同体改革的学校之间出现了难以精确衡量的教育质量不平等。

我所访问的大部分学校,就是一方面实行严格的紧急对策,一方面进一步推进探究和协同学习。保障每一位学生的学习权利,实现了有利于未来幸福的优质学习。当下,学校最需要做的事情是,即使在特殊时期之中,也不要返回到传统的同步教学,而是要保障所有儿童均能进行优质的探究与协同学习。

不过,从另一个侧面来看,优质、探究、协同的学习究竟需要哪些要件? 其中的一些要件如下:①人人均成为学习活动的主人翁,从教学开始到结束,要一直沉浸于学习之中。②每个人均不得成为单独的个体,儿童之间具有互相支持和互相关心的同侪关系。③不是"互相对话""互相教育",而是"互相倾听和互相学习"的小组学习。④追求教育科学的本质,教学过程中组织有高水平"挑战学习"的板块。

尽管这四个要件的每一个要件均很重要,但是,这里仅仅针对第三

---

（接上页）有少数年份为抽样或停试）在校学生进行国语和算术（数学）等学科（后来又增加了英语和理科等）的学业水平测试。但是,文部科学省明令,该调查的结果严禁用于教育行政对学校和教师的业绩评价,而是用于探索教育教学规律、发现问题和寻找最优改进对策（文部科学省. 全国的な学力調査［EB/OL］.（2024 - 07 - 31）［2025 - 01 - 01］. https://www. mext. go. jp. a_menu/shotou/gakuryoku-chousa/index. htm. ）。

点的重要性及其理论基础进行深入考察。

在小组学习中，"互相不对话"最为重要。学习是从已知世界走向未知世界的旅行。互相对话是就已经理解的知识的交流，其本质上不能成为学习。实际上，当详细记录并分析频繁互相对话的学习小组的每个人的发言时，就发现什么也没有学到。在实际学习发生的探究活动的小组中，并没有频繁的互相对话，多是安静的喃喃自语或模糊碎语的声音交流。在安静的教室里，喃喃自语和低声细语相交织的小组学习才能实现优质的探究和协同学习。

## 二、发表性对话与探索性对话

在小组学习中应该"互相倾听·互相学习"的观点由伦敦大学教授道格拉斯·伯恩斯（Douglas Barnes）提出。日本东京大学的一柳智纪以伯恩斯的理论为基础，深入研究并进一步发展了该理论。伯恩斯把小组学习中儿童的对话分为"发表性对话（presentational talk）"和"探索性对话（exploratory talk）"两类。协同型探究不是"发表性对话"而是"探索性对话"得以实施的结果。"发表性对话"是"我这样想""我这样考虑""这就是这样"诸如此类的对话。"探索性对话"是"这能不能成为线索呢""那与这有关系吗"诸如此类的对话。总之，"探索性对话"是一边探索一边推断、思考的对话。关于协同学习中"探索性对话"重要性的理论为剑桥大学的尼尔·马瑟（Neil Mercer）所继承，并成为欧洲各国协同学习最有影响力的理论基石。基于此，彼得·达德利（Peter Dudley，剑桥大学教授世界课例研究学会原会长）在伦敦市卡姆登（Camden）区的学习共同体建设中取得了划时代的成果。马瑟也在口语培养项目(oracy project)中,把学习共同体实践作为其中的一环而推进。以"互相倾听关系"为基础的"探索性对话"才是优质、探究与协同学习的要件。

图 5-1 通过探究对话,互相学习的孩子们

迄今为止特殊时期的 2 年时间里,如前所述,与我合作的学校都实现了学习质量的明显提升。这些学校的改革有一个共同特征,那就是,不实行"互相对话·互相教育",而实行"互相倾听·互相学习"的协同学习,并由此实现"挑战学习"。换句话,通过"探索性对话"(喃喃自语和模糊细语)推进小组学习。以下是具体事例。

问题
求解下述二次方程

（共同课题）

① $x^2 + 6x + 7 = 0$

② $2x^2 + 8x - 6 = 0$

③ $x^2 - 7x + 5 = 0$


（挑战课题）

$ax^2 + bx + c = 0$


这是 2021 年 6 月参观的歧阜市立清流初中（寺崎正人校长）3 年级数学（岛崎晋是任课教师）"二次方程式（根的公式导入）"的教学事例。在这次之前的课上，学生已经学会了通过因式分解来解方程。在这次课上，把二次方程变成"$(x + p)^2 = k$"的形式解方程作为"共同课题"。接着，把"共同课题"加以拓展，以导入平方根公式解方程作为"挑战课题"。该"挑战课题"的难度相当高。

这个班级的学生在 2 年前，也就是说在初中一年级时，是学习困难学生非常多的班级，平均学力在市内最低。不过，在这次课之前的标准测试中，一跃而进入市内最优水平的班级行列之中。我看过他们一年级时的学习状态，这个结果让我非常吃惊。我认为，在 30 名学生中，当前班级仍有 8 名左右学习较差。这些学生的学习情况与 2 年前几乎没有很大变化。如果情况确实如此，那么，是什么让整体学生的学习发生了如此巨大的变化？

## 三、互相倾听关系·支援请求·探索性对话

随着教学的开展，从中可以发现学生学力飞速提升的秘密。教学开始 5 分钟后，"共同课题"的小组学习开始。各个小组内产生不同的同侪关系，互相关心产生积极关系，这种关系推动学习前进。尽管每个小组都有学习困难的学生存在，但是各个小组互相关心的关联保证不让其中的任何人掉队，学生们都沉浸于学习之中，尽力学习。这个班级的特征是，相互关心的关联以探索性对话的方式表现出来。不是已经理解的学生去教会不理解的学生学习，而是不理解的学生说"我不理解"，请求支援。已经理解的学生首先问不理解的学生"你理解多少"，然后与不理解的学生一起思考，通过探索性对话，进行互相学习。

当向"挑战课题"移行之后，让人吃惊的事情发生了。例如，一个小组 4 人中，有 3 人学力较低。在"共同课题"进行之时，一位学力中等的女学生通过探索性对话关心另外 3 位同学。最后，三人共同关心学习最困难的一位学生。在"挑战课题"进行之中，女学生说"我不理解"，请求支援。以此为契机，一直受到关心的三位学生转过来关心这位女学生。也就是说，"关心学生"和"被关心学生"之间的身份关系发生了根本性逆转。结果，通过"挑战课题"，四位学力不尽相同的学生均实现了学习成功。我坚信，这个连续过程正是整个班级的学生整体学力提升的秘密所在。

如上述事例所示，优质的探究和协同学习具有互相倾听关系、支援请求和探索性对话三个要件。"支援请求"的英语是 help-seeking。意味

着向同侪发出"这里我不懂了，喂，教教我"的求救信号。上述小组学习的事例表明，重要的并不仅仅是学力较低学生的支援请求，学力较高学生的支援请求也是协同和探究学习的重要条件。高水平"挑战课题"对学力较高和较低学生具有同等的学习促进功能。在这个事例中，"关心学生"与"被关心学生"之间关系逆转的原因是"挑战课题"的挑战水平较高。总之，"互相倾听关系""支援请求""探索性对话"应是实现优质协同与探究学习的课堂教学的共同特点。我相信，这三个关键词是破解学习共同体中学习成功奇迹的核心概念，也是小组学习有效发挥作用的关键所在。

## 第六章　如何推进"魅力型学校"创建工作?

### 一、我所追求的理想学校

从我开始学校访问,并与教师们协同进行推进学校改革的行动研究至今已经 45 年了。这样的学校在国内约有 5 000 所,在海外 34 个国家中也接近 100 所。现在,我有了如此多的改革经历,更深刻地感受到学校改革是一项困难的事业。每所学校各自具有独自的内在问题,学校内外的各种权力关系错综交织。而且不存在统一的优质学校的具体形象。每所学校的改革课题均具高度个别性(singularity),互相之间完全不可通约,因此,最优改革方案也必须区别对待,因校而异。

我觉得,学校改革愿景设计与建筑师的工作非常相似。优秀建筑师自然听取客户的意见,但是更要倾听客户的未言之言和当地景观中所蕴含的无声之言,洞察各种无声的潜在可能性,然后设计建筑这样的表现形式。学校改革的愿景设计也需要同样的灵感和想象力。

当然,仅有灵感与想象力无法实现学校改革。还必须与校长、教师、儿童和家长,还有市町村教育委员会的人员协同才可能实现改革。任何学校的课题均有数个。学校改革会解决问题,但解决问题不是改革的目的本身。课题解决存在于改革过程之中而非改革的目的。学校改革的目的是，不让任何一个孩子掉队，实现儿童们的学习权，促进教师成长为教育专家，为民主社会打下基础。从这一点而言，学校改革不是"改善（improvement）"，而是"革命（revolution）"。我所设想并致力于实践的"学习共同体"的学校改革坚持实现教育公共使命的教育革命的理想。

## 二、学校改革愿景设计中的优先事项

如果向老师们提议进行学校改革，在世界上的所有国家里，几乎都会得到同样的回答。那就是，"没时间""缺少人手""没钱"。但是，没有人把教师作为学校改革成功的关键因素。改革愿景是什么？期望何种学校、何种教室？想成为何类教师？追求何种教学和学习？针对这些问题的答案均包含在愿景之中。在未能实现愿景共有之前，所有学校改革均不可能实现。换句话说，缺乏愿景的改革，其结果纯粹就是时间、人力和金钱的浪费而已。

愿景共有对现代学校改革尤为重要。教师的工作与杂技的耍抛接球特别类似。不管是在教室，还是在办公室，教师需要同时接抛大量的球。校长也是如此。现在，接近过剩的改革之球不断投向校长和教师。缺乏愿景的校长往往接抛所有投来之球，结果就是无法完成接抛，最终把教师和儿童给压垮了。缺乏愿景的教师往往接抛所有投来之球，最终就把儿童给压垮了。持有愿景的校长仅选择接抛重要之球，把不那么重要的球放在一边，以充分开发教师和儿童的活力。

对于学校而言，最重要的球是什么？那就是，保障实现不让任何一个儿童掉队的学习权利，保障不让任何一人掉队的教师的专家成长权利,与 80％以上的学生家长协同推进学校改革。

重中之重应该是实现儿童的学习权利。学习是儿童的人权的中心所在。如果无法实现学习权利,则儿童就无法获得其他所有作为人的权利。另外,对于儿童而言,学习是生命希望的中心所在。因此,放弃学习的儿童变得既不相信成人、社会或同侪甚至也不相信自己,成为一个破坏社会的行动者。从学习之中看到希望之光的儿童绝不会学坏。即使其父母堕落、同侪堕落,但他自己绝不会堕落,从婴幼儿至大学生均是如此。不过,不让任何一人掉队的学习权利仅靠教师之力根本无法实现。只有儿童同侪之间互相尊重对方的学习权利并协同学习,才能实现学习权利。儿童的学习权利保护最终只能依靠儿童自己。懂得了这个真理之后,我建构了"学习共同体"改革的理论框架和实践原则。迄今为止,我从未背离过这个真理。

## 三、改革的第一步应该做什么?

我帮助进行改革的学校大都是在都道府县或市町村里运营最困难的学校。其中,许多位于贫困地区,饱受校园暴力、霸凌、低学力和原生家庭的困扰。教师暴力、学生间暴力和器物损坏事件年度超过 100 件(个别学校年度超过 230 件),学生不登校率超过 10％,教学几乎无法正常进行,学生的学力处于所在地区最低水平的学校也很常见。当然,教师们也早已疲惫不堪。经过改革之后,这些学校几乎都发生了"奇迹般"的改观,得知这些事情的人们说我拥有一双"上帝之手"。这当然不符合事实。拥有"上帝之手"的不是我,而是孩子们和教师们。问题在于,如何激起他们的"上帝之手"（潜在可能性）并引导其指向改革的成功。因此，改革成功需要更高级的智慧。

为使学校改革成功，第一步坚实最为重要。只要能够踏踏实实地迈出第一步，其后就能进展顺利。"学习共同体"改革不是"改善"而是"改革"。即使"改善"能够继续，也不可能引向"革命"的成功。"革命"必须等待时机，必须全员、一齐和一鼓作气进行。因此，改革的第一步非常重要，具有决定性作用。

作为改革的第一步，我希望校长们和教师们能够做以下几件事。

第一，校长提出改革愿景并使之在教师群体里共有。对于愿景共有，可向教师全体配发我的著作《学校改革：学习共同体的构想和实践》（岩波文库）。这本书记述了"学习共同体"的愿景和理论概要，2个小时就能通读一遍。如果没有任何理论依凭，完全凭借实践来理解该理论，可能需要数年吧。

第二，把面向黑板、线性排列的课桌配置（19世纪型教室）变成男女4人混合小组的课桌配置（21世纪型教室，在小学1、2年级采取"凹"字形课桌配置和2人结对学习方式）。在世界上，"19世纪型教室"大部分在30年前就被替代了。"19世纪型教室"是教师中心的教学组织形式，既不可能实施不让一个学生掉队的沉浸式学习，也不可能实施探究和协同的优质学习。与教室环境转型同时，还要创造互相倾听的关系。教室环境转型和互相倾听关系促进"竞争文化"向"协同文化"的转变。

第三，所有的课堂教学设计均分为"共有学习"（教科书水平）和"挑战学习"（教科书以上水平）两部分。"挑战学习"的水平以三分之一的学生能够完成，三分之二的学生难以完成为最佳。"挑战学习"不仅能够使所有学生不掉队,从始至终沉浸于学习之中,而且能够促进探究和协同学习,从而提升低学力学生的整体水平(学力提升不是从下往上的积累,而是从上向下的吸引)。

第四,所有教师每年进行一次公开教学。在教学研讨会上,不讨论公开课教学的教学方法的好与坏,而是基于对"何处学习顺利进行、何处学习遇到障碍、何处存在学习的可能性"的事实观察进行协议。对教学的好与坏的评价和改善建议会制约教师的教学方法选择,限制教师教学的个性和多样性。从儿童学习的事实中教师们互相学习,就能够建构作为专家的教师同僚性。

以上四点是我对学校改革第一步(革命)的概要。这第一步如果能够踏踏实实迈出去,就能够启动儿童们、教师们和校长的改革动机。一般而言,在这种改革经过2个月以后,在所有教室里,放弃学习的儿童就会不见了。儿童建立了同侪之间互相支援的关心关系,通过对话实现了协同学习。仅是学习环境和关系的整备就能给儿童学习带来巨大变化。

在改革开始之时,不管如何说明,教师对改革总是持怀疑态度。但是,几个月之后,看着眼前儿童的变化,几乎所有教师都变得相信改革了。迄今为止的经验表明,在所有经历改革的学校里,儿童改革的步伐会是教师改革步伐的数倍,而且改革步伐会更坚定。尽管第一步是由校长和教师们推动而发起改革,但是,在所有改革学校里,儿童都是学校改革的最大理解者和最大推动者,牵引着教师的改革"落后步伐"。在迄今为止的传统教学之中,即使教师使出10分力气,尽力教学,但是儿童们也仅仅能发挥出2至3分的力气。不过,改革之后,儿童发挥10至12分的力气,而教师只要3至4分的力气。对于教师而言,教学反而变得相对轻松一些。学校这个教育场所本来不就应该如此吗？

## 四、作为学习主人翁的儿童

"学习共同体"学校是由"互相倾听关系"和"互相学习关系"构成的民主性学校。提倡"学习共同体"的"民主主义哲学"既非意味着多数决策也非意味着政治决策程序。"学习共同体"中的民主主义采取杜威的定义——多元化人们共同生活的方法(a way of associated living)。杜威认为，民主主义不是由"口"而是由"耳"来实现的，民主主义不是"协商"而是"互相倾听"。"互相倾听关系"既能把他者作为主人翁，也能同时把自己作为主人翁。建立在杜威远见卓识的基础上，"学习共同体"的改革试图在儿童之间、教师之间、学校与家长之间建构"互相倾听关系"，通过对话，建设开放型民主学校。

可能会让人吃惊，在"学习共同体"学校里，教师从不对学生说"静一静"。这是因为，不管是在教室里还是在全校集会上，只要有人开始发言，其他人就开始认真听讲。互相倾听关系成为学校全体的生活习惯，成为学校的校园文化。

这也可能会让人吃惊。在"学习共同体"学校里，不管是在教室里还是在办公室里，均不存在领导这样的人物。儿童们也好，教师们也好，每个人都是学习的主人翁，互相协同，自然就不存在领导。尽管如此，在"互相倾听关系"的基础上，也能通过对话式交流，班级和小组等学生集团均能自动调整，生成最令人愉悦的人类社会关系。

以上是我所追求的创建"魅力型学校"（学习共同体）学校改革的概

要。如果对这个改革感兴趣,请阅读上述的文库本小册子。与此同时,大约300个领航学校每年合计召开1000次以上的公开研讨会。感兴趣的也可以访问与参加这些研讨会。百闻不如一见。

　　以上论述了学校改革的出发点。与启动相比,坚持学校改革更为困难。每年伊始,学习共同体改革就返回出发点,进行"永远开始的革命",常常返回原点,反复从零开始。除此之外,再也没有坚持学校改革的方法了。

# 第七章　学校改革的终极愿景设计：世上最难之事

## 一、从指导·建议向协力·协同转型

学校改革的终极愿景设计包括一系列复杂的活动，这是世上最难之事。迄今为止，我与国内 4 000 多所学校、国外 700 多所学校（约 30 个国家）合作过，一直感受到终极愿景设计与实现的困难。学校改革本身自含深刻矛盾。认为学校改革可能之人往往很难实现学校改革。也就是说，只有那些认为学校改革绝不可能成功之人才有可能成功地进行学校改革。而且，从没有改革课题相同的两所学校存在。任何学校都有其固有的问题存在。另外，学校经营和教师工作是一个复杂系统。即使采取"现状分析→原因探明→解决方案提示"的"指导·建议"模式来进行改革也不见丝毫效果。原因在于，通过这种方法解决对应问题之后，在复杂系统之中，另外更为严重的问题却应运而生。

学校只能从内部进行改革。学校改革的终极愿景设计必须洞察各个学校与教室内隐的改革可能性，倾听儿童、教师和校长的行动体现出来的无言之言，从中发现其无法言说的教育期望，从这些"无言之言"中创造学校的终极愿景并使之为全体师生员工共有，然后，与教师及校长齐心协力，寻找到能够实现这些终极愿景的最优教育活动。

学习共同体的学校改革通过这样的最优教育活动而推进。国内组织培养了约 140 名终极愿景设计者,各自负责 10—100 所学校,访问并支持这些学校的改革。在国外,2021 年学习共同体国际会议召开。31 个国家和地区的 2 000 多名教育学者/教师参加了会议。

其中大多数担任所在国家地区的学校教育改革的终极愿景设计者。国内担任终极愿景设计者的三分之二是退休校长,三分之一是教育研究者。

学习共同体改革本质上是一场革命,终极愿景设计者于其中具有决定性作用。终极愿景设计者的角色定位并非"指导·建议",而是在"愿景、哲学和活动系统的共有""现状认识和改革课题的共有"基础上的"协力·协同"。终极愿景设计是极为复杂和困难的活动,国内外的终极愿景设计者日复一日地投身于此的精神令人赞叹。

从我自身经验而言,终极愿景有关的大部分都难以用言语来表述。几乎所有均是熟练艺人的"灵巧工作"(预拼贴画)。学校访问之时,观察校区,听一听课间休息绕着校门转的儿童的声音,到校长室与校长打个招呼。这个时候,我就能在 10% 左右的误差范围内估算该校的不登校①学生数、教室里教学情况、学力水平和课堂瓦解程度。儿童的声音可以表达出上述一切指标。如果访问中间间隔一年,也就能够从此推断一年间的变化。

上午一般是整个学校所有教室的参观。如果学校规模较大,大约只

---

① "不登校"为日语汉字直接借用,国内学术杂志论文中也常见使用,意为长期旷课。

能参观两成的教室。但是，瞬间可从中判断出各班级学习情况、学习困难儿童的情况、教师的工作烦恼、生师关系和生生关系等。说出来也许读者不相信，几分钟的参观也能够推断儿童与教师过去三年间的学校生活姿态。因此，如果终极愿景设计活动只有一天时间，那么所有教室的观察最重要。

下午参观全体教师参加的观摩教学和教学研讨会。我的讲评（终极愿景设计）完全基于上午的教学观察。在讲评过程中，我并非"指导与建议"而是把从观察中"我学到的东西"传达给所有老师。"我学到的东西"汇报和基于此的对话才是终极愿景设计的本质活动。

## 二、"系统思维"与"设计思维"

为了有效进行终极愿景设计，"系统思维"与"设计思维"非常重要。"系统思维"是对学校和教室里出现的事情（问题），不从"个体的"角度，而从复杂因素互相作用的"系统的"结构的角度去理解。但是，几乎所有的校长和教师往往把学校和教室里出现的事情（问题）理解为个体特征的结果："如此孩子自然如此行事""那样的教师自然那样教学"，归罪于儿童和教师个体的对错（有能・无能）或责任，而不是从催生这些事情的"系统的"结构关系的角度寻找因果关系之所在。

学校改革的终极愿景设计并非通过"现状分析→原因探明→解决方案提示"进行"指导建议"，而是通过学校和教室的"观察"获得对教育现象的综合和结构性认识，以此为基础的"共感"和"课题共有"。也就是说，从对校长、教师和儿童的烦恼"共感"开始，通过与他们的对话，形成

图 7 - 1　校内研修——教学协议会的风景

"目标与课题的共有"。为了解决课题，实现目标，进而提出改革与实现
的原案（prototype）并实现范式"共有"的活动。这样一连串的活动既是
"与状况的对话"，也是"与当事者的对话"。通过这些活动，实现"目标与
课题的共有"。

　　终极愿景设计者会被要求"给出一些方案"。我的"提案"一般尽量
保持在三个以内。在期望推进学校教育改革之时，往往存在实施五个或
六个改革方案的冲动。如果不作出"明天这样试试吧"，把提案限制在三
个以内，校长和教师应该无法创造性地完成改革。对我而言，因为一所
学校一年只能访问一次，就必须把这之后一年间的活动都考虑到，从而
提出三个提案。想提案的课题很多，有时候多达 20 个甚至 30 个。要从
中选出校长和教师均能理解和共有的三个课题，就必须像解多元多次方
程一样，破除千难万难而寻找"最优解"。这个思考受到复杂环境的制

约，必须进行综合性探索。这个过程可称之为"设计思维"。

最终提案的具体例子很多。比如，"全体教师每年进行一次公开教学吧""由于今年学校整体的研究题目已经决定，下面设定教师个体的研究题目吧""废除过去的详细（教案），采用 A4 一张纸那样的（学习设计）吧""所有的课堂教学都要让 60％以上的学生得到回答问题的机会""共有学习在 25 分钟以内完成，给挑战学习更多的时间""最初的小组活动在教学开始 5 分钟以内开始吧"，等等。我从中选出 3 个，三个提案各自针对不同学校、教室的问题，成为从结构体系角度解决这些复杂问题的"最优解"。

## 三、推进学习革命

终极愿景设计的中心任务是"解放"校长和教师。校长和教师常常为"想当然"和"被束缚状态"所束缚，自己为自己建起了阻碍学校改革和教学改革的诸多高墙。比如，"安静地听课、能把老师的板书详细抄写在笔记上的学生是在认真学习"就是很多教师心中的"想当然"之一。实际上，儿童在课堂上如果什么也不思考，那就什么也没有学到。更糟糕的是，学校和教师已经对无所期待的学生并非像过去的"坏"学生那样行为。过去，差生常常把教室搞得一团糟，随意出入教室，使正常教学秩序无法维持。但是，现在的学生在教室里，往往装出在学习的样子。"学习伪装"让课堂教学陷入功能不全的境地。学生们安静地坐在那儿听课，认真抄写老师的板书是现在"课堂瓦解"和"教学崩坏"的典型景象。

只要同步教学的教学方式存在，那么，让所有学生沉浸于教学之中、积极进行探索学习的教室在世界上就不会存在。把教师和学生从通过同步教学来实现优质学习的"想当然"之中解放出来,这对于学习革命推进迟缓的日本而言尤为重要。

束缚教师们的精神枷锁还有"好教师的教学必须好"等"被束缚状态"。追求"优质教学"的结局往往是教师变得无法看到学生个体的学习。只要仍然处于追求"优质教学"的状态,教师就无法与每一位儿童的学习产生共感,也无法陪伴其整个学习过程。处于"被束缚状态"之中的教师自觉地从内部束缚自己,就再也看不见儿童的学习。那么,怎么才能让教师们从这些束缚中解放出来呢?从追求"优质教学"转向追求每位儿童均是学习主人翁的"优质学习",转换教师的心智图式,这应该是学校改革的终极愿景设计的第一步吧。

创造型教师是能够从学生身上学习的教师。那么,如何才能从每位儿童充满个性的学习这一客观事实上汲取真知,成功把这些多样化的学习转化为"优质探究和协同"学习?为了成功实现这些目标,学校必须重新组织,成为教师们的专家共同体。学校原本是按照"官僚的分工主义的工厂体系"组织起来的,如何才能成功转型为教师的专家共同体?在专家共同体的学校里,教师们基于自律性和共同性,对实践和经验加以反思,通过建构互相学习的同僚体系而实现。那么,这个改革如何推进才好?为了实现这个改革,校内教师研修的改革应该从何处开始?终极愿景设计者在其中的作用和责任重大。

# 第八章　学校改革的地区联合——川口市的事例

## 一、开端最重要

2022 年,我连续访问了很多地区的学校及教育委员会。其中,印象最深的是川口市的学校。川口市曾经是电影拍摄地。该市曾以"铸造之市"闻名全国,但在 20 世纪 70 年代,随着铸造业转移,这里遂成为工业废地。现在变成了埼玉县中的人口第二多的城郊住宅区(bed town)①。市内现有小学 52 所和初中 27 所。

在川口市,办学困难的学校较多。为此,我一直想去该市访问。今年 4 月,绝好机会来了。2 月,我在琦玉县中学校长会议上作了一次讲演。讲演临近结束时,我说,如果有学校想推进学校改革,我愿意给予支援。一个月后,访问的机会就来了。川口市神根地区的北初中和安行地区的安行初中请求给予教育改革支援。在当地,这两所学校里的学习困难儿童最多。

学习共同体改革必须从"破坏性革命"[不是改善(持续革新),而是

① 原文为英语"bed town"的片假名,可直译为床城,即卫星城。川口市靠近东京都,其居民大都白天在东京都的某处上班,直到很晚才回家来,第二天一大早就又出门奔赴工作地。

革命]开始。因此,改革开端如何非常重要。改革的愿景和哲学共有化,校长明确提出在所有教室里进行所有教学的改革,由全体教师一齐进行改革。如此而行,改革就接近成功了。北初中和安行初中实行的策略主要如下。①拙著《学校改革:学习共同体的构想与实践》(岩波文库)的购买并人手一册发放;②所有教室都变成男女混合 4 人小组的课桌摆放方式;③所有的教学都变成"共有学习(教科书水平)"和"挑战学习(教科书拓展水平)"并行设计;④所有教师每年一次公开教学,设计互相学习的教学计划。我建议他们,这四方面从学年之初就开始实施。

　　以下四个方面的特征是这次改革成功的秘诀。①愿景和哲学共有是最有效的方法。一枚硬币就能买到的小册子书①实际成为教育改革的指南针。②教育环境改革是实现"21 世纪型教与学"的必须要件。③实现优质的探究与协同。④不孤立每位教师,让每位教师都成为改革活动的当事人,这是促进教师专业发展的条件。特别是其中的②与③可引起学习剧变,并在儿童之间建构起互相关心的关系,并以此促使其发展成为学习活动的主人翁。在改革过程中,儿童的发展会比教师的发展要快一些。相关条件充分满足是改革的第一步。如果等待教师成长成熟之后再进行改革,那么几乎所有改革均无法实现。

　　北初中的冈安孝文校长和安行初中的铃木彰典校长具有优秀的学校领导力。4 月 7 日,在安行初中的新学年开学典礼之前,我在该校作了演讲。5 月 25 日,访问北初中,走进所有教室进行教学参观,举办教学研讨会。两个校长都接受了我事前准备的提议并全部实施,在校内做

---

① 上述佐藤学教授的书籍定价在 500 日元左右,日元硬币最大面值为 500 日元。

图 8-1　正在互相学习的川口市北初中的学生们

好了改革准备。当然,改革对于这两所学校的任何教师来说,都是初次尝试,因此,肯定会对改革的方方面面感到不安。演讲结束之后,来自教师的 30 个左右的提问也表现了这一点。但是,没有任何一位教师反对改革。当然,提问如此之多也足以说明学校现状之严峻。两位校长不仅让全体教师对改革抱有统一认识,还计划带着全体教师访问全国各地学习共同体推进的领航学校。在冈安校长的带领下,神根地区的小学、初中共 9 所学校的校长均与其他地区的校长们构成了改革的社会网络。北初中举办了第一次研讨会,神根地区的所有校长都参加了。在暑假之中的 8 月份,举办了以神根地区所有教师为对象的学习共同体建设演讲会。从 9 月份起,所有学校的改革开始。改革开端远比预期要顺利得多。

## 二、北初中的学校改革

5 月 25 日,我访问了北初中。最初,让我吃了一惊的是,教室内靠近走廊一侧非常昏暗。原来是因为,走廊一侧的墙上安装了五个潜水艇样式的窗子(铁棒围着的小圆窗)。从此似也可察知该校较为严峻的教学状况。

不过,走进教室里,环境顿时敞亮许多,所有教室里均为男女混合的4 人小组的课桌配置方式,学生们的学习已经发生了"剧变"。教师们说,"仅仅过了一个月,学生们的学习状态就急剧变化,课上趴在桌子上的学生已经不见了"。对我而言,这些均在预料之内。但对于教师而言,这却是值得惊叹的新鲜事。学生们飞速成长,而且教师们也确信这个变化在发生。如果能够有如此变化,那么今后就不可能会因此再后退了。

我在演讲中就学习共同体的原理和方法,通过具体事例进行说明。演讲的目的是让教师们从想当然和被束缚的状态中解放出来。最顽固地束缚教师们的东西不是文部科学省和教育委员会的指导方针,而是教师们想当然和被束缚的状态。其中,最突出的应该是"只要教师教,学生自会学""只要教师提醒,学生就会变好"等观念。当教师们从这些观点中解放出来时,教师们就会接受现实中的孩子们的样子,创造性地设计教学,重新审视和改变教师在教学中的角色定位,与儿童及同事之间形成新型的教育关系。学习共同体的愿景、哲学和活动体系让上述一切均变得可能。演讲会结束之后,在教师办公室里,教师们爽朗的笑声显示了思想解放后的轻松状态。在看到这些情形之后,冈安校长就把预定在

1月23日召开的市公开研讨会的主题改变为"学习共同体的研究"。

1月23日，我参加了北初中的公开研讨会。观察了所有教室的教师教学和学生学习。这时候，我只想说：改革真是太棒了！没有一位学生是孤独个体，所有学生均沉浸在学习之中。所有的教学均按照"共有学习"和"挑战学习"两部分进行设计，所有教室均实现了探究和协同学习。去年，因为学生在学校出现严重的学习或德行问题，通知家长到学校来商谈多达50人次，但今年一件也没有发生。不登校学生人数也降低到去年的四分之一。

## 三、进一步推进改革

在北初中，让我和教师们感受最深的是学生胜俊（化名）的变化。胜俊是我迄今为止遇到过的生活环境与学习状态最差的学生之一。如果稍微不顺心，胜俊就会对教师和同学暴力相向，破坏器物，发出攻击性言语等，他在课桌旁甚至不能静坐10分钟。我听到这位同学的个人境遇后，禁不住流泪。除胜俊之外，体验过如此不幸人生的学生恐怕就再也没有了。然而，学校实施的学习革命剧烈地改变了胜俊，重新塑造了他的一切。学习是儿童权利的中心，也是生命希望的中心。

公开研讨会那天，胜俊与小组的同学们正在理科教室里进行"挑战学习"。当小组实验成功之后，他比谁都高兴。突然，他从30多人的参观者中认出了我，高呼着"爱因斯坦"就向我跑过来，要和我握手。我的眼泪又一次忍不住流出来了。正是在学生身上出现的如此明确的改革效果支撑了教师们每日坚持不懈地进行教学改革。

约 10 日之后的 2 月 1 日,我访问北初中所在校区的神根小学(赤羽广美校长)。这是川口市内各方面条件最差的儿童们求学的地方。从 9 月开始,所有教师都开始改革,改革仅仅过了 5 个月,居然就发生了显著变化。赤羽校长说,"孩子们变温柔了""在教室里睡觉,放弃学习的学生没有了""以前,即使在上课之中,也有 10 个学生在校门口漫游,现在一个也不掉队,都在教室里上课了"。

2 月 2 日,受川口市校长会的邀请,作题为"学习共同体改革"的演讲。演讲立足于北初中、安行初中、神根初中、神根小学改革的成果之上。在我演讲之前,北初中的冈安校长对本校的改革实践作了总结与汇报。他的报告详细叙述了改革的具体事例,总结了创新性观点。其报告质量之高,简直让我感到已经不需要我再讲演了。

2 月 17 日访问安行初中,2 月 20 日访问神根初中(松村一人校长)。在去年 4 月的开学典礼前和 8 月的暑假,我分别在安行初中和神根初中进行了演讲。但是,教学参观还是第一次。安行初中从 4 月开始改革,经过 10 个月后,学校全体改革进展平稳,目前充满乐观向上的学习气氛。与北初中之外的神根地区的其他学校一样,神根初中在 9 月以后也开始了改革。尽管教师们对挑战学习的推进方法与评价略有疑问,但也为学生身上发生的显著变化所鼓舞而开始充满自信。明年,两所学校应该会有进一步的深化改革发生吧。

经过学习共同体改革的彻底洗礼之后,北初中、安行初中和神根初中有了一些共同特征。那就是,男学生变得非常温柔,女学生则变得开朗外向。

在神根地区和安行地区之外,川口市也有仲町初中(中岛俊幸校长)

等开始推进学习共同体改革的其他一些学校。据说，冈安校长、铃木校长、松村校长、赤羽校长和中岛校长等这些推进学习共同体改革的校长们已经组织了学校改革的关系网络。我禁不住愉快地畅想这些学校学习共同体改革的未来发展。

## 第九章  电脑可以提升学力吗?
### ——因 GIGA 学校构想而改变的教室风景

### 一、ICT 教育<sup>①</sup>的世界潮流与日本

根据 OECD(2018 年)的调查,在日本学校里,电脑的使用时间位于当时 36 个成员国(现今为 38 个)中的倒数第二位,80％的学生在课堂上并没有使用电脑。但是,日本自 2019 年 12 月开始实施每一名学生人均一台电脑或平板(以下统称电脑)的 GIGA<sup>②</sup> 计划以来,教室中的学习风景发生转变。在 GIGA 学校构想(2020 年)以后,100％的学生在每天的课堂上都开始使用电脑,现在日本的学生在课堂上使用电脑的时间毫无疑问一跃成为世界首位。

---

① 这里的"ICT 教育"直译应为"计算机信息技术教育",但其实际所指应为计算机信息技术辅助教学。二者截然不同。纵观全文,ICT (Information Computer Technology)教育＝教育领域计算机信息技术的使用。为行文方便,仍使用 ICT 教育。下同。

② GIGA 是 Global and Innovation Gateway for All 的首字母缩写。建设 GIGA 学校是日本文部科学省面向数智时代的宏观教育改革政策的重点之一。从学生角度而言,GIGA 政策就要求中小学校必须为每位学生配备一台联网的电脑终端。

日本的 ICT 教育是在经济产业省①的主导下推进的。2019 年经济产业省提出了以 IT 产业与教育产业为核心的"未来的教室"项目并组织了"EdTech 研究会"。与此整体政策联动，文部科学省也开始制定GIGA 学校构想并开始推进 ICT 教育。最初，GIGA 学校构想第一期建设目标是在 3 年内完成，但因特殊情况导致线上教学迫在眉睫。2020年日本政府按照全国范围内每校每一名学生一台电脑，一所学校最大3 000 万日元上限的标准划拨了整备学校教学环境的中央财政特别预算，因此 GIGA 学校构想在计划提出的第一年就实现了全日本学生人手一台电脑。2020 年日本的电脑和平板电脑的售卖台数是 2019 年的两倍，大量的资金被投入到了 IT 产业和教育产业中。

但与世界其他国家相比，日本学校的电脑应用呈现出奇妙的趋势。在 2020 年全世界范围内的封校期间，线上教学及电脑得到积极的应用，但伴随着线下教学的恢复，使用电脑的教学锐减，各国都重新开始与以往一样的教学。与此相对，日本在封校期间，小学、初中、高中仅有 5％的学校开展了线上教学，但在恢复线下教学后，所有的课堂却都开始使用电脑了。这给日本课堂带来了变化。

各发达国家（在恢复线下教学后）使用电脑的时间锐减主要是因为教师们认识到比起使用电脑的教学，面对面授课的教育效果更好。与此相对，东南亚、非洲、中南美洲等地的发展中国家虽没有像日本一样激进，但是在特殊时期结束后的课堂上也开始频繁使用电脑。

ICT 教育市场的爆发式增长是课堂上电脑使用扩大的一个背景。

---

① 经济产业省是日本中央行政部门之一，大约相当于我国的工信部。

伴随着电脑的普及,教育已成为了"大市场(big business)"。根据 Report Ocean 的调查,2023 年初等及中等教育阶段的数字教育国际市场规模为 1 481 亿美元,在 2030 年将达到 7 182 亿美元。并预测初等教育及中等教育阶段的市场规模年增长率将达到 25%,并在 2030 年达到全球汽车市场规模的 2 倍(数字教育市场的整体规模将达到汽车市场的 5 倍以上)。根据 Data Bridge 的调查,这一爆发性增长将在环太平洋区域(特别是东南亚地区)规模最大,接下来依次是中东、南美、欧洲、美国。发达国家的 ICT 教育技术在发展中国家的消费市场扩大触发了数字教育的市场的爆发性增长,这也是发展中国家比发达国家更积极使用电脑的背景之一。

## 二、是学的道具,还是教的道具?

积极使用电脑,带来了哪些教学效果? 有两个值得信赖的调查报告。一个是 OECD PISA 调查委员会以 20 个加盟国为调查对象及以 29 个加盟国为调查对象的报告(2015 年)。另一个是麦肯锡咨询公司以 51 个国家的 34 万学生及教师为调查对象的调查报告(2020 年)。

OECD PISA 调查委员会的报告显示,在读写素养、数学素养、科学素养各领域中、电脑的使用时间越长学力越低下。麦肯锡的调查结果也同样显示,比起效果,使用电脑过剩对学习的伤害更大。

在麦肯锡的调查中,在学校使用电脑时,仅在教师单独使用时看到效果,教师与学生共同使用时、学生自己使用时均是对学习的损害大于效果,特别是学生一手一台终端时,对学习的损害最大。而教师单独使用电脑被认为效果最好的时候是教师使用投影功能时。

为什么在学校里使用电脑出现对学习的损害大于效果的现象呢？我认为电脑不是主因。我们必须重新思考教学实践第一线使用电脑的目标与方法。目前的电脑使用并未能良好地促进教学主要有三个原因。

第一，电脑的使用方法不正确。从 20 世纪 70 年代开始，关于电脑的使用有两个对立存在的系谱。一个是以教学机器的开发者 B. F. 斯金纳为代表的把电脑作为"教学道具"的流派，这一流派属于斯金纳的"程序学习"（教学机器）的系谱，基于操作性条件作用理论、即时反馈原则、小步子原则三个基本原理应用电脑。

另一个流派是将电脑作为"学习道具"，是由学生思考探究的编程语言 LOGO 的开发者西蒙·派珀特（Seymour Papert）开始，经个人电脑的开发者艾伦·凯（Alan Kay），并由现在的编程语言 Scrath 的开发者米切尔·雷兹尼克（Mitchel Resnick）所继承的系谱。把电脑作为"思考与探究"的工具，和"铅笔"一样作为文具的一种自然使用是最好的。

纵观两个系谱可以发现，比起"教学的道具"，将电脑作为"学习的道具"和"思考探究的道具"使用时，电脑可以发挥最好的教学效果。但是目前大部分的学校将电脑作为"教"的道具使用。而且，现今大部分已普及的教育软件，多是承袭了斯金纳开发的教学机器的原理，进而造成了在课堂上使用电脑对学习的损害大于教育效果的局面。

第二，现在课堂上的电脑使用方法使学习仅仅停留在了浅表层面，没有触发深度思考。如果利用网络检索，仅仅用 1 分钟就能检索出在 50 分钟的课堂上所讲授的知识和信息。但是，利用电脑的学习常常容易停留在对网络上搜集到的知识和信息的表面理解。为了促进深入思考和探究，面对面的以小组为单位的协同学习是不可或缺的。

　　第三个原因是电脑带来的学习个人化，它常常会妨碍协同性学习。比起一个人进行学习，与他人协同开展学习达成的教育效果更高。换而言之，在一个人学习所达到的水平与得到同伴和教师的援助而达到的水平之间隐藏着学习的可能性。学习是通过与他人的协同而带来坚实的成果，但是电脑将学习个人化，容易使学习达成的成果停留在个人能力而达到的水平上。为了提升学习效果，必须将电脑作为"协同与探究"的道具来灵活使用。

## 三、生成式 AI 时代，我们需要什么样的学习？

　　人工智能、机器人技术及物联网（IoT）所带来的第四次产业革命的飞速发展是现今 ICT 教育发展的另一个背景。根据世界经济论坛报告《未来的工作 2023》预测，到 2027 年的未来五年间世界的劳动力市场的23％将发生变化，47％的劳动将被人工智能和机器人所取代。与迄今为止的产业革命相类，第四次产业革命也将在带来大量失业者的同时，催发新的就业市场的出现。

　　迄今为止的由蒸汽机、电力、IT 技术所带来的前三次产业革命，主要是将体力劳动机械化。但是，第四次产业革命不仅将体力劳动，甚至可以说是将脑力劳动机械化。最近几年，伴随着生成式 AI 技术的迅猛发展，以记忆与联系为基础的重复性、定式化的劳动锐减，逐渐形成了基于创造力、探究、协同与价值判断为基础的主要劳动力市场。

## （一）为了不被 AI 抢走工作

第四次产业革命时代需要什么样的能力与技能呢？世界经济论坛的报告书《未来的学校 2020》中提出了 8 项在第四次产业革命时代所需要的技能与教学内容。全球公民技能（Global citizenship skill）、创新和创造技能（Innovation and creativity skills）、技术技能（Technology skills）、人际交往能力（Interpersonal skills）、个性化和自我监测的学习（Personalized and self-paced learning）、无障碍和包容性学习（Accessible and inclusive learning）、问题解决与协同学习（Problem-based and collaborative learning）、终身的能动性学习（Lifelong and student-driven learning）。其中，只有第三项是技术的学习。

在同一年，世界经济论坛在另一个报告书中揭示了第四次产业革命所需要的 10 种能力。即复杂的问题解决能力、批判性思维、创造力、人的经营、与他人的协同、情感性认知、判断与决断力、服务（奉献）精神、交涉能力、认知的柔软性。值得注意的是，这十项能力都不是硬性能力，而是软性能力。

现在 12 岁的学生未来所从事的工作中，65％以上是当前所不存在的工作。虽然很难预测出现在还未存在的未来的工作究竟为何，但是可以确信的是未来创生出的工作一定是比现在更具知性的高度复杂的工作，是被人工智能及机器人所无法取代的工作。未来社会最需要的是创造力和革新的能力、探究与协同的能力、价值判断的能力。这些能力都需要以广博的素养和教养为基础，可以说在 AI 生成时代，读书学习变得比以往更加重要（读书学习最重要）。

### (二) 一个月连一本书都不读的日本高中生

读书的学习可促进学生的素养学习。但是日本学生的读书量是世界最低水平。根据 2018 年的 OECD PISA 调查,日本 15 岁学生的读书量是 76 个国家与地区中的倒数第二位。根据日本 2023 年的学校读书调查,一个月间一本书也未读的高中生比例高达 43.5%,在同一年东京大学社会科学研究所与贝奈瑟教育综合研究所的共同调查中,高中三年级学生的不读书率高达 59.8%。在这样的现状下,是无法培养出学生的创造力、探究、协同、价值判断等能力的。

## 四、应该如何灵活应用数字技术

当下教育一线直面的 ICT 教育课题有两个。一个是根据 GIGA 学校构想而带来的 ICT 教育器材与 Wi-Fi 网络环境更新的课题,另一个是提升课堂上电脑使用的有效性的课题。

2020 年的 GIGA 学校构想,因政府划拨平均一校数千万日元特别经费,用于购买电脑及网络环境整备而实现。在这一时期所安装的设备及系统已经到了更新期,但是全日本没有任何一个地区教育委员会有这样高额的用于设备及网络环境更新的预算。与上次一样,如果日本政府中央财政不划拨特别经费预算,那么 IT 产业与教育产业将大规模渗透侵入公共教育领域。实际上发展中国家都濒临很多教师被解雇,教师的工作由电脑替代,IT 产业与教育产业吞噬公立学校(被廉价的私立学校取代)的公共教育危机。日本也很可能出现相同情况。这要求教育委员会与学校必须在坚持教育公共性的前提下,摸索与 ICT

教育产业合作之路。

### （一）从过剩使用电脑到有效活用电脑

日本教师已逐渐认识到，比起效果，过剩使用电脑对学习的伤害更大。但是，行政层面依旧不断要求教师在课堂上积极使用已投入高额经费的电脑。在此情况下，如何有效使用电脑成为教师需要研究的重要课题之一。为了促进相关研究，特介绍如下几个基本事实。

从各国经验而言，电脑不作为"教"的工具，而作为"学"的工具使用时更有效。可以将电脑作为辅助及支援思考与表现的工具、作为促进探究与协同的工具、作为学习的辅助工具灵活应用。通常，对于电脑的有效性常会从"这个可以"，"那个也能做"的功能便捷性上探讨，虽然电脑具有各种功能，但并不是说在教室的面对面学习中就可以有效果。

即便在课堂上使用了即时共享学生意见的功能，但是这并不代表使用了电脑就让学生间真正共享了其他同学的思考与想法。即使是学生在电脑上显示出的汉字的正确笔画的选项中选中了正确选项，也并不代表这名学生可以正确书写这个汉字。通俗地讲，目前在教室中使用电脑时，出现了电脑程序功能被误认为是学习功能的误区。

例如，通过电脑的操作画面展示课题，展示学习资料并让学生在电脑上完成学习活动的教室不在少数，但是对于教师而言，应该对于借助纸质印刷媒体的文字空间的学习与基于电脑的电脑空间的学习哪一个更具有效果做出适切的判断。我个人认为在可以使用纸质媒体的时候灵活使用印刷品，在纸质媒体所不能展示时活用电脑作为学习的工具更为合适。

## 五、如何活用生成式 AI 促进学习?

生成式 AI 的使用也是同样。虽然被称为"人工智能",但是生成式
AI 并未产生思考。目前仅是基于庞大的数据处理生成最佳答案。生成
式 AI 是否能提高学习者的学习效果主要取决于什么样的目的以及如何
使用。

例如,在英语习作的课堂上,使用生成式 AI 的翻译软件是否合适?
答案既不是 YES 也不是 NO。如果学习者什么都没有思考,仅仅使用机
器翻译,写出英文作文的话,这种情形下可以说生成式 AI 的使用损害了
学生的学习。但是,如果学习者在参考了机器翻译的基础上,进一步丰
富了表达并提升了创造性撰写英文作文能力的话,可以说生成式 AI 的
使用促进了学生的学习。小学生及中学生的词汇量、句型、语法知识的
积累与应用能力尚且不足,常常因无法用英语正确表达自己的所思所想
而郁闷。灵活使用生成式 AI 的机器翻译,可以辅助学生克服表达障碍,
辅助学生更丰富地撰写英文作文,也有可能让学生以此为媒介学习到英
语的多样表达方式。

### (一) 对于特别教育学生的学习有效

在大约 30 年前开始的各项研究表明,课堂上电脑的灵活应用对于
认知上、情绪上、身体上需要特殊教育支援的儿童的学习更有效。为什
么对于特殊教育儿童的教学电脑的应用可以显现出效果呢? 以往的研
究并未针对此课堂深入开展,但是可以推测出,应该是课堂上电脑的应

用促进了特殊教育需求儿童的学习活动,以及通过电脑的自我显示功能促进了特殊需求儿童与自我的对话。目前在普通的课堂上电脑的使用过剩,但是在特殊教育中较少使用。因此,在特别支援教室中应该更广泛、灵活地使用。

**（二）电脑作为学习工具的使用方法**

在前文基础上,特提出教室中作为"学的工具"使用的电脑的主要方法。

① 作为数据库灵活使用。电脑可以超越教室与学校的壁垒,(将课堂上的学习)与校外的学习资源相链接。可以说,电脑就是教室课桌上的一个巨大的"图书馆"。将电脑作为学习资源的数据库灵活应用,无论在哪一个学科都可以促进学习的拓展。

② 发挥监测功能。这一功能可在体育课上积极应用。

③ 模拟实验、模拟练习。对于不容易实际操作或有安全顾虑的实验、相关学科的建模学习等,应用电脑模拟实验、模拟练习,活用这一功能有助于学生的学习。飞行员的模拟飞行训练就是一个典型案例。在学校的学习中,在物体及桥的强度的验证等物理实验及天体的移动、气候变换等模拟实验,数学上的几何变形、数学建模等广泛的范围内灵活应用。

④ 拓展学习网络。如果灵活应用电脑可以实现学校间、教室间的学习合作网络,并实现与海外的学习交流。

⑤ 学习的作品化。可将电脑作为进行发表(表现)的工作,将学生的学习进行编辑并形成学习作品。学习的作品化不仅能通过文脉化、故

事化促进学习的深化,更有助于与同伴共享学习。

⑥ 创造性的程序学习。现在无论哪一个学校都在实施编程学习,但是仅停留在对限定的算法的学习。(但对现在的学校教育而言,)更重要的编程学习是可培养创造力的设计的学习。特别推荐通过活用生成式 AI 及图形处理功能来促进学生创新性的设计。

伴随着数字社会的发展,应该如何保障从现在到未来的学生的幸福(wellbeing),教师在教学一线应该如何适切地使用电脑,这些都还是未知的课题,亦是需要不断探究、省察学生的学习事实的课题。

# 第十章　美术教育中的教学研究

## 一、教学研究的目的和样式

　　教学研究的目的是什么？研究如何实施？简而言之，"教学研究"这个词在目的、背景、理论和样式上具有多样性。因此，有必要首先理解其多样性。

　　教学研究历史悠久。日本对教学进行观察并加以评论的事例最早出现在明治 5 年，即 1872 年。为了在日本导入欧美的同步教学，来自夏威夷的小学教师斯科特（Scott）在师范学校进行示范教学。参加学习的是来自全国各地的教师。斯科特的"同步教学"及其讲课记录随后通过各地的师范学校在全国普及。其时之前的藩校和寺子屋①均采取自学自修方式，不存在教学这回事。因此，"教学"这件事自此后才在日本开

---

① "藩校"与"寺子屋"均为日本明治之前的江户时代的教育机构。"藩校"是地方大名（其领地为藩）设立的旨在培养本藩武士阶层子弟的贵族学校，具有"藩"立即"官"立性质。"寺子屋"是寺院开办的以平民子弟为对象的教育机构，主要提供读写算及日常道德规范相关的教育内容，具有"私"立即"民"立性质。当然，寺院的设立及寺院设立寺子屋均需要当时的官方（藩）的认可。因此，"寺子屋"也具有公共教育的基本属性。这与现代日本社会里的各级各类私立教育机构的性质类似。

始出现。

其后,19世纪80年代产生的赫尔巴特的"五段教学法"(预备、提示、比较、总结和应用①)导入日本。为了普及该种教学方法,全国的学校均开始进行教学研究。在大正时期,"导入→展开→总结"样式成为日本中小学教学方法的指针。

另一方面,为了与教学的定型化—僵化—划一化相对抗,大正自由教育时期(大正6年至昭和5年,即1917—1930年)深入进行新教学实践研究。在这种教学研究模式中,教师们以第一人称方式记录儿童的学习,然后以讲故事的方式在教师群体中形成共同知识。"教学实践"和"实践记录"等词均是该模式教学研究的结晶。

如此对立的两种教学研究,即追求教师的教学方法定型化的教学研究和发现及创造儿童学习的教学研究,一直到现在仍然互相对立而存在。

在当前的学校里,最为普及的教学研究是,在校内设立研修部,以研修部为中心,教师进行教材研究、提问研究和板书设计;教师们参观研究型教学,举行教学研讨会,以教学研究记录这一纸质形式来收录协议结果。在90年前的昭和初期(1926年左右),在法西斯主义教育体制下,这样的模式在日本学校里得到广泛普及。到了第二次世界大战后的(1947—1955年)民主主义时期,又出现了继承大正民主主义传统的教

---

① 严格说来,"五段教学法"并非赫尔巴特提出的五阶段的形式教学阶段,而是指德国教育家戚勒和莱因基于赫尔巴特的形式教学阶段而提出的教学理论。我国一般认为它包括预备、提示、联合(比较与抽象)、总结和应用等五段。但是,本书日文原文的第三个环节仅有"比较"一词。——译者注。

学实践研究,这类研究聚焦学生学习,以此为基础进行课程设计。但是,到了1958年,学习指导要领被赋予法律地位,教育行政官僚主义化加剧,教学研究逆时代潮流,回归于教学指导方案、提问、板书设计、教学评价的旧模式之中。

此外,"教学研究"在高校中成为教育学术研究的领域之一是20世纪60年代。高校中的教学研究存在三种类型。第一种是追求教与学的生产性及效率性的教学研究。这是采取行为科学范式,分析"教育目标"的达成度并数量化和进行评价的教学研究(教学的科学研究)。第二种是追求最优教学的典型化(一般化),寻找教师教学背后基本原理的教学研究。这两种研究均追求教学技术原理的实践运用(科学技术的适当应用)。第三种是追求关于儿童学习和教师教学的实践认识的发展,分析教与学的事实的教学研究。这一种起始于20世纪80年代,是"反思性实践家"模式的教学研究。第一种研究在美国普及,第二种是日本型研究,第三种是目前世界各国研究者致力追求的一种研究样式。

学校内实施的教学研究大致可以分为两类。第一种是以"教学改善"为目的的研究。该类研究的研究对象是"教师的教学方法",通过互相教学评价,追求"教学技能的提升"。第二种是以学习质量提升和教师同僚性建构为目的的研究。该类研究的研究对象是儿童学习的事实,追求创建专家学习共同体(professional learning community)。地方教育委员会主导的研究多是前一类研究,属于"教材研究→教案作成→提问和板书计划设计→研究型教学及参观→教学研讨会"这一90多年前就已成熟的教学研究的类型。

我推进的教学研究则属于第二种研究。其目的并非"教学改善"而是"学习质量提升"，并非"促进教师教学能力发展"而是"促进反思型教师成长"，追求确立在学校内作为专家互相学习的教师同僚性（collegiality）。因此，我的教学研究并不讨论"教师的教学方法"。这是因为，如何教学是教师个人的自由，而且，正确的教学方法多种多样。不仅不进行"何处为优""何处为劣"的"教学评价"，也不提出任何具体的"教学建议"。教学研究的目的是从儿童的学习这一客观事实中互相学习。何处学习顺利，何处学习不顺利，何处存在学习可能性？与教师一起共同探究这些事实背后隐藏的真正原因。

## 二、美术教育中的教学研究

首先，对"美术教学"进行定义。我把学校教育中的"美术教学"视作"艺术教育"的一个领域。"艺术"是比"艺之术"含义更为广泛的概念①。美术成为"艺之术"自米开朗基罗（Michelangelo）始。其前的美术则为艺术。即使是美术成为"艺之术"之后，其底层仍然存在着艺术的基石。

艺术是什么？我认为，艺术是发现"又一个现实""又一个真实""又一个自我""又一个他者"并将其如实表现出来的技法。艺术是依靠想象

---

① 在日语的原文中，"艺术"一词使用英语"art"的片假名"アート"，"艺之术"使用日语"芸術"。两者若翻译为中文则实际上均为"艺术"。当然，这与中文的"艺术"一词本来就具有两个基本含义有关。日语来源于汉语，其实也是如此。因此，日本学者在表达欧美学术语言时，为示区分，常常使用音译片假名表示具有不同含义的新词。这里就是典型一例。译者根据论文的原意，把日语"art（アート）"翻译为中文的"艺术"，把日语"芸術"翻译为中文的"艺之术"。

力和创造力赋予"又一个现实"（内在真实）活力的技法。因此，艺术是与"世界的秘密"的相遇和对话，是扎根于每个人的"内在真实"的生业。文学、戏剧、音乐、舞蹈、美术、工艺等均是艺术。在最广泛的"艺术"的含义里，也包括学校的体育、技术家庭教育等学科。"美术教育"是"艺之术（表现）的教育"，但"艺术教育"是"促进表现者成长的教育"。美术教育中的教学研究是学习的设计和反思的研究。美术教育中的学习设计包括"观点""素材"和"技法"三个侧面（图 10-1）。

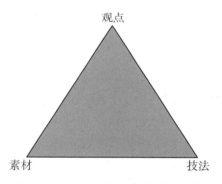

图 10-1　美术教育中的学习设计

　　"观点"是整体概念，引导教学全体的进行。"素材"是对使用画材的选择：透明水彩、不透明水彩、彩色粉笔、木炭、墨汁、铅笔等。"素材"还包括对画纸的选择：纹路纸、和纸、板、彩色纸等。这些素材是决定学习的重要因素。

　　另外，还有一个要素是"技法"。在很多教学过程中，"技法"学习被忽视。有必要更为积极地指导学生学习"技法"。

　　举两个例子吧。这两个例子均来自茅崎市滨之乡小学的教学实践。

该校在二年级描绘出"重叠"是一个学习主题。当能够描画"重叠"之时,儿童观察事物的能力和表现能力均明显提升,心理发展也非常显著。二年级是学习描画"重叠"的绝佳时机。具体以松果为题材,用竹笔从松果的子房的近处开始一层一层描绘开来。儿童自然就学会了描画"重叠"。在能够描绘松果之后,接着描绘"大波斯菊"(图 10‑2)。

图 10‑2 正在进行大波斯菊素描的小学二年级学生

如果二年级通过"大波斯菊"素描学会了描绘"重叠",那么三年级时在浅色纸上用墨汁和竹笔描绘同样的"大波斯菊",然后涂以淡色以丰富表现。三年级的学生应该感受到,自己描绘出的世界带有设计的性质。

在美术教学里,不追求"技法高明",重要的是"细致和细心"。当教学追求"细致和细心"时,所有学生都变得喜欢表现活动,沉浸在学习之中。"单色感觉"培养也非常重要。在小学的中低年级不鼓励使用白纸而鼓励使用浅色纸。白纸的白过于强烈，导致儿童在描绘中使用了原色，艺术表现就容易变得粗糙。

其次是滨之乡小学五年级的教学实例。在教学中，学生挑战临摹抽象画，用泥颜料在胶合板上画画。泥巴颜料是陶艺用的五种陶土，用水和黏合剂融合而成。具体技法由学生自己选择，可用画笔、尺子、竹笔、手和手指等自由地表现。图 10 - 3 就是儿童学画画的情景。看到儿童的绘画作品，我想起保罗·克利（Paul Klee）画作。保罗·克利也是一位小提琴家，他的作品中充满音乐的灵动感觉。当我这样想着观察儿童画画时，她恰好在画作的正中间填上了高音符号完成了最后的一笔。儿童临摹的作品不仅有画家保罗·克利的，还有瓦西里·康定斯基（Wassily Kandinsky）、胡安·米罗（Joan Miró）和保罗·杰克逊·波洛克（Paul Jackson Pollock）等人的作品，甚至还有阿斯特克文明的纹样，千姿百态，生动有趣。这些均是通过"观点""素材""技法"学习设计的教学效果。

图 10 - 3　挑战临摹抽象画的五年级学生

### 三、教学实例"模仿丢勒作品的素描"（小学五年级）

再向大家介绍一个实例。该实例是位于三重县南端的纪宝町井田小学五年级教室里的素描教学，该校常年为学生们的低学力问题所困扰。在低学力的学校里，与语言学习同时进行艺术学习这一点尤其重要。这是因为，艺术学习能够促进儿童精神的整体发展。在我所提倡的"学习共同体"改革之中，所有教学均分为教科书水平的"共同学习"和高于教科书水平的"挑战学习"两部分。在这节课里，教师把"向阿尔布雷特·丢勒（Albrecht Dürer）学习"作为"共同学习"内容，把"模仿丢勒的技法"作为"挑战学习"内容。

教学的前15分钟，儿童们欣赏了丢勒的作品（图10-4）。分组对"丢勒的独特之处"和"技巧的娴熟之处"进行交流。

接着是"挑战学习"，内容是"运用丢勒的技法进行素描"。每位学生的课桌上配置了一副作为观察对象的手套。儿童们沉浸在素描学习的挑战之中。教室里，只有铅笔的声音在伴随着时间的悄悄流逝（图10-5和图10-6）。

"挑战学习"时间仅有30分钟。其间，完成素描作品的学生非常少。但是，所有学生均把观察到的细节认真地描绘了出来，表现出了手套的质感（图10-7）。非常遗憾的是，这里无法呈现教室里17位儿童的全部素描作品。儿童们通过变身丢勒，打开了自我成长的可能性。从儿童的作品中，我不仅感受到了其作品的绝妙之处，也感动于作品深处流淌着的儿童看世界的眼光和艺术表现的暖心之处。

图 10 - 4  祈祷的双手（阿尔布雷
特·丢勒作于 1508
年,现收藏于奥地利维
也纳阿尔贝提那画廊）

图 10 - 5  正在用铅笔素描的儿童（一）

图 10 - 6 正在用铅笔素描的儿童（二）

子どもたちのデッサン

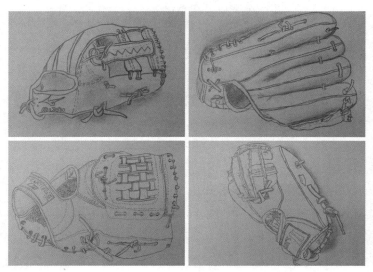

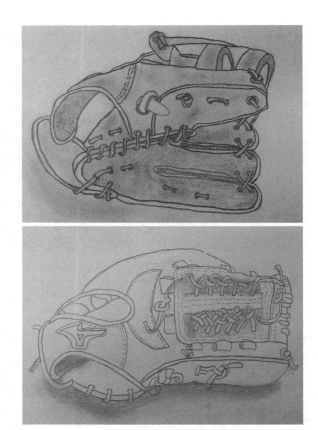

图 10 - 7　儿童在课堂上的素描作品

## 四、作为学习反思的教学研究

美术教育中的教学研究既是"学习设计"的研究也是"学习反思"的研究。"学习反思"研究主要依据教室里发生的诸多事实，多角度地分析:学习在何处顺利进行?学习在何处陷于困难?何处具有学习可能性?

在美术教学中,由于有学生作品,教师的视线容易重点聚焦这些作品。不过,让人感到意外的是,儿童们对作为学习结果的作品几乎毫无关心。对于儿童而言,作品是学习的结尾,即使几乎毫无关心也无任何问题。这一点对于美术教学研究非常重要。对于儿童美术学习过程以更小刻度单位来观察时,就可知道,艺术表现的最重要的瞬间存在于活动开始之前的调息之中。在一条直线画出来之前的瞬间,所有的艺术表现都已经准备整齐。对于这个瞬间,有必要在反思研究中进行仔细分析。

另外,有必要对儿童的学习和表现的过程进行仔细观察。每个儿童如何与描画对象对话?该对话如何导向了表现活动?在这个过程中,儿童之间如何互相学习,这些活动有何作用?教师的教学语言是否发挥了学生学习(表现)的脚手架(scaffolding)功能?

美术教育的教学研究必须避免陷入评价学生作品优劣的险境。如果陷入"评价"作品的险境之中,教师就会把自己的偏见带入到对儿童作品的解释之中。为了避免陷入这个险境,教师不能根据作品的表现的质量差异区分"优劣",而应该视作儿童"个性的差异"和"生活背景的差异"。教师若如此转换观察角度,则能感受到儿童作品所表现出来的"内在真实"。

美术教育的教学研究实际上极为深奥,对于教师而言,也是一个富有吸引力的研究领域。各位教师不妨尽快下场,亲身尝试一下其中的奥妙与乐趣。

# 第二部分

学习革命的理论与建议

# 第十一章　学习革命何以必要：
## 21世纪的教与学的新模式

## 一、21世纪型的教与学

　　从20世纪90年代起，在世界各国，学习革命静悄悄地出现。柏林墙倒塌之后，全球化大规模发展。随之而来的是，世界各国开始从产业社会向后产业社会（知识社会）转型。劳动市场剧烈变化。原本能够有效、单纯地培养农业和工厂劳动者的学校教育体系从根本上发生了改变。作为该历史转型最明显的象征，那就是从教师中心的同步教学模式向学习者中心的探究和协同模式转变。

　　在世界上的任何国家里，教师中心的同步教学模式均为150年前确立起来的教学模式。国民国家建立和产业主义社会深入发展是推进同步教学制度化的两大要因。不过，20世纪90年代以后，同步教学的两个支持基础崩坏，随之而来的是，世界各国的学校教育成功转型成为与后产业社会（知识社会）相符合的"21世纪型的教与学"模式。

　　其结果是，面向黑板、前向排列的传统教室从这个世界上消失了。取而代之的是，在教室里，小学一二年级是"凹"字形（或者说圆形），采取互相学习和结对学习方式；小学三年级至高中三年级是男女混合小组的教室配置，推崇探究与协同学习。

## 二、学校与教室的革新

在"21世纪型的教与学"中，教师的定位也发生了根本性变化。至20世纪80年代为止，一百多年以来，世界各国的教师们的基本定位是"教学专家（teaching professional）"。教师们预先准备教案、提问计划和板书计划，然后以教师为中心，进行说明、提问、点名学生回答和板书等教学活动。教师一直主要用"口"进行工作。在20世纪80年代的调查中，在任何国家里，在1小时教学时间中，80％的时间都是教师在说话。

但是，如果推进"21世纪型的教与学"，那么教师就几乎不在其过程中说话。教学时间的80％均用于学生们的协同式思考与探究的活动。21世纪的教师从"教学专家"转型为"学习专家（learning professional）"。

作为"学习专家"，在教学过程中教师的定位发生了变化。如果推进"21世纪型的教与学"，那么教师就围绕"学习课题设计""探究和协同的协调""学习反思（观察与判断）"三方面开展教学工作。也就是说，现代教师是学习的设计、协调和反思的专家。

## 三、教学研究①的改革

约 30 年前,世界各国开始从"19 世纪型的教与学"向"21 世纪型的教与学"转型。这种转型促使教学研究也必须转型。从前的教学研究沿着教材研究→制作教案→提问和板书计划→实际教学→教案检查的教学研讨会的基本程序进行。这个程序有两个主要目的:"教学改善"和"教学技术提升"。

这种传统的教学研究范式在昭和 10 年(1935 年)左右在教学第一线普及。此后一直没有任何变化持续到现在。我曾在琵琶湖周边的某学校的仓库里发现过"校内研修记录簿(昭和 10 年—12 年,即 1935—1937 年)"。根据其中记载,该校 4 月成立研修部。研修部每年组织青年教师进行 3 次研究性教学。在每月的研修部会议上,进行观摩教学,讨论教材研究、教案制作、提问和板书计划等。观摩教学之后的教学研讨会上,观摩教师指出观摩教学的优缺点,进行教学评价,向教学者提出改

① 日语原文为"授业研究"。现在,研究者一般把日语的"授业研究"翻译为汉语的"课例研究"。"课例研究"似乎相对更集中在微观的教学技巧与程序的层面。但实际上,至少在本书中,佐藤学教授的理论中的"授业研究"的主旨显然并不局限在教学的技巧与程序的层面。因此,从其理论的核心思想着眼,译者在本书的大部分地方仍把"授业研究"翻译为"教学研究"。曾经,钟启泉教授直接把它翻译为"授业研究"(钟启泉,方明生. 当代日本授业研究[M]. 太原:山西教育出版社,1994)。这样翻译也有其内在的道理:第一,"授业"这一词语虽现代已不使用,但古汉语常用,而且二者词义相近;第二,如此翻译能够保留日语本来的独特含义。这与日语直接使用片假名翻译欧美语言中的词汇的道理相同。

善建议。现在，大部分学校实施的教学研究几乎与 90 年前的样式一模一样。如此一来，即使进行教学和学习革命也很难促进教师成长为专家。

推进学习共同体的学校改革中的教学研究与既有模式中的教学研究根本不同。其目的既非教学改善，也非教学技术提升，而是实现不让任何一人掉队的学习权利，追求"学习质量提升"和"教师作为专家在校内互相学习"。观察与协议的焦点不是"教师的教学方法"而是"儿童学习的客观事实"。课堂教学参观者交流的是从教学观察中得到的学习收获，而非"评价和建议"。而且，所有教师每年设定各自的"个人研究题目"，每人最少进行一次公开教学，以此建构全校教师互相学习的机制。

"21 世纪型学校"是学生们互相学习的场所，也是教师作为专家互相学习的场所，更是家长和居民参与改革、共同努力、互相学习的场所。其"21 世纪型学校"改革的核心必须是确立教师们互相学习的专家共同体。

## 四、学习的重新定义

反过来看，我们应该向何处去寻找学习的本质？学习的最狭窄的定义是"知识和技能的获得"，但学习的本质不仅限于此。

当探析学习的概念时，不得不追本溯源回到"学"这个汉字上来。字源的研究者白川静认为，汉字繁体字"学"的头上有两个"乂"。上面的意思是与祖先的灵魂交流，下面的是与同伴之间的交流。两旁是支持这两个交流顺利进行的教师的两只手。祖先的灵魂可以说是文化财产。在教师的支持之下，与文化财产之间交流，与同伴之间交流，于是就有了学习。

学习常常被比作从已知世界向未知世界的旅行。我们通过学习之旅，与新的世界相会，与新的朋友相会，与新的自己相会，并通过与上述自己之外的各物之间的对话，创造出新的世界、新的社会和新的自我。因此，学习就是与对象世界的对话（创造世界）、与他人的对话（创造朋友）、与自己对话（创造自我）三者之间统一的对话性实践。学习就是通过这三种相遇与对话，进行"意义与关系"的重组。

此前的流行病的世界历史表明，即使当前的特殊时期结束之后，社会也不可能简单地恢复到过去的形态。因此，必须创造出新型社会、新型教育和新型学校。直面这个现实任务，我们就不能不重新审视与反思：学习是什么？从今而后的社会需要什么样的学习？儿童从现在至未来的幸福的实现需要什么样的学习？在此后的时代中，儿童要想成功地生存下去，最低也必须是：喜欢学习、喜欢探究和喜欢协同，能够进行终身学习。为了实现儿童的幸福，我们就必须继续挑战学习革命，开拓出学习的再次革命的道路来。

# 第十二章　学习的环境与关系的革命

## 一、教室环境改革是必须条件

在推进学习革命之时，教室环境改革是必须条件。在 19 世纪的教室里实现"21 世纪型的教与学"是不可能事件。同步教学的课桌的配置方式无法让世界任何地方的儿童深度沉浸于教学之中，实现优质的探究与协同学习。想必大家都知道 60 年前就有洗衣机和冰箱了吧。可是，现在还在使用 60 年前的洗衣机和冰箱吗？教室的使用也是同样的道理。在 40 或 50 年前的教室里，儿童不可能沉浸于学习之中，自然也不能有优质学习产生。

可是，同步教学之类的"19 世纪型教室"直到现在仍然存在。放眼世界，"19 世纪型教室"仍然占据主导地位的有朝鲜、越南、南非以及日本等国。如此列举则显而易见，"19 世纪型教室"在一些国家仍然顽强地存在着。班级平均学生数日本是世界第三，这妨碍向"21 世纪型教室"转型。

任何国家的教师对于教学方法都持保守态度，自己在儿童时代经历过的教学风格很难简单加以改变。尽管如此，世界大部分国家的教师们在 30 年前就实现了从"19 世纪型教室"向"21 世纪型教室"的转型。对于任何国家来说,学习革命都是儿童未来和国家经济发展的决定要因。因此,政府也采取强制性态度,逼迫教师进行改革。比如,英国从 20 世纪 90 年代起,曾 3 次发布命令要求进行教室环境改革,从小学至高中全方位推进向"21 世纪型教室"的转型。在挪威,如果一节课教师讲话时间超过 10 分钟,则给予工资减额的惩罚,以此来实现"21世纪型的教与学"。当然,在尊重教师自主性的同时,最终实现这个转型的国家和地区也很多。20 世纪 90 年代的加拿大、匈牙利和新西兰,21 世纪初的新加坡、韩国、中国香港和中国台湾地区均是其中的成功例子。

时至今日,"19 世纪型教室"仍然残存很多。2003 年 OECD 实施的学习方式的调查结果表明,在 40 个调查对象国中,日本的"探究"学习最低,"协同"学习倒数第二(韩国最低)。这之后 10 多年间,韩国的学习共同体改革爆发式普及,17 人的教育督导(教育长)之中有 15 人均在致力于推进学习共同体改革。这样一来,日本在"协同"学习上也就变成了倒数第一。在向"21 世纪型学习"转型改革上,日本大约落后了世界先进水平 25 年之久。

为什么日本竟然在"21 世纪型教室"转型改革上落后了 25 年之多?其中最大的原因是,在各国急速转型的前 30 年之中,日本经济处于世界顶端,政府、国民和文部科学省对此均无任何危机感。在当时的泡沫经济之下,日本经济富裕之至,不仅对经济而且对教育均无任何危机意识。现在,世界前 50 的企业中只有位于第 49 位的丰田公司是日本企业。日本 GDP 增长率降至世界第 157 位(2021 年)。在这 30 年间,日本的政治、经济、外交、产业、教育均无任何实质性改革举动。其结果是,整个社会的所有侧面均沿着凋落之途下降不止。在学校教育体系中,在教室环境、教学方式与学习方式上也不例外。

## 二、教室环境改革是学习革命的第一步

19 世纪型教室里进行的同步教学是培养简单劳动者的高效体系。不过,随着柏林墙坍塌,产业主义时代结束,随之而来的是后产业主义时代。世界上简单劳动的市场份额锐减,劳动市场提供的大部分岗位转向知识劳动和高度专门服务业。对于在"19 世纪型教室"接受同步教学的儿童来说,只有要么失业要么接受低工资的短期零工两条道路。这样一来,整个国家的经济也就陷入低迷。实际上,其后日本经济与年轻劳动者确实经历了最差时代。

文部科学省也意识到这个危机,曾经提倡"主体学习(主体的、对话式、深度的学习)"以应对危机。但是,该改革落后于世界 25 年,而且,提倡"主体的、对话式、深度的学习"的新学习指导要领刚要在实践中全面实施,当年就遇到了非常特殊的历史时期。这样一来,日本学校一下子回归到同步教学的传统教学模式之中。

因此,必须立即跳出"19 世纪型教室"的窠臼,向"21 世纪型教室"转型。具体如图 12-1 所示,从教学开始至教学结束,提倡男女 4 人混合小组的教室配置形式推进教学。如此教室改革如未实行,则学习革命无法开始。尽管如此,如果存在坚持"19 世纪型教室"的教师,那么这些教师就应该意识到自己正在掠夺儿童的未来幸福和日本社会的未来。

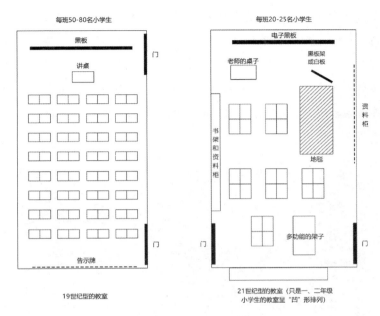

图 12-1　教室的变化

## 三、小学一二年级采取"凹"字形排列和二人结对学习

　　男女混合 4 人小组学习的教室环境是"21 世纪型的教与学"的必需条件。但是，小学一二年级则需要另外的教室环境条件。迄今为止，我访问过 33 个国家的七百多所学校，支援他们的教育改革。所有国家的学校，小学三年级以上至高三均采取男女混合 4 人小组的课桌配置的教室环境形式。但是，小学一二年级的教室却采取其他方式来配置课桌。在欧美各国，一般是教室的前排铺一块绒地毯，周围儿童和教师呈半圆

形坐下来，整体互相学习完成之后，再返回自己的课桌前，进行 2 人配对学习。不过，这种方式在日本及其他亚洲各国实行起来比较困难。欧美各国小学一二年级一般一个教室仅有不到 20 名学生。日本及亚洲各国班级每班达 30 人以上，让儿童长时间保持半圆就座非常困难。日本及亚洲各国采取北欧各国的方式，采取"凹"字形排列，进行整体学习并就地进行 2 人配对学习比较合适。

图 12-2　小学低年级教室（"凹"字形排列和 2 人结对学习）

为什么小学一二年级不能采取 4 人小组学习的课桌配置的教室环境设置方式呢？这里面受到儿童发展阶段的影响。言语分为交流工具的"外部语言"和思考工具的"内部语言"两种形式。在儿童的言语发展过程中，"外部语言"先于"内部语言"而发展。因此，小学一二年级的学生，既无法"一个人进行学习"也无法进行"小组学习"。如果指示小学一二年级的儿童说"请自己考虑一下"，那么儿童什么也不会，只能呆呆坐在那儿。如果指示说"请小组学习"，那么互相之间就只交流自己想说的事情,结果就是互相之间什么也没有学到。这是"内部语言"尚未发展的结果。同样的道理,小学一二年级的儿童尤为喜欢 2 人结对学习。通过把与自己的对话投影到对方身上而激发整个学习过程。

而且,小学一二年级的儿童具有"与教师连接""与结对学伴连接""与全体学生连接"三个连接,能够安心地集中于学习。因此,小学一二年级采取"凹"字形排列,实行全体学习和 2 人结对学习相结合的方式最合适。

日本的大部分教师仍然让小学一二年级学生面对黑板向前,采取同步教学的方式。因此,应该立即向"21 世纪型的教与学"转型。小学一二年级的教师担心无法控制儿童们,容易采取同步教学的方式。这里面存在两个大问题。第一,学力降低。只要仍然采取同步教学方式,那么就无法期待提升学生的学力。第二,小学一二年级采取同步教学方式,儿童的社会性和协同性得不到培养,小学三年级以上就会形成课堂瓦解现象。实践经验表明,小学三年级以上引起班级瓦解的儿童几乎均是在一二年级接受了同步教学的儿童。

小学的教学改革中最难的是低年级的教学改革。因此,为了让所有小学均实现"21 世纪型的教与学"转型,我们务必从小学一二年级开始教学改革。

# 第十三章　哪种类型的小组学习更有效?

## 一、小组学习的三种类型

有关小组学习的用词极为混乱。"班组学习""集体学习""协力学习""协同学习""协动学习""协调学习"等许多词语均被用来称呼小组学习。人们往往在未辨明各个词语之间的差异之前,就匆忙在实践中实施小组学习。这些用词看起来混乱无比,但如果追溯到其英语的原词,就可清晰看到,小组学习总共可分为三个不同的类型。在英语中,三个类型分别为 collective learning, cooperative learning 和 collaborative learning。三个类型各具独特的内在特征、历史背景和理论体系。

"班组学习"和"集体学习"是 collective learning。这种方式产生于20世纪30年代,该类型的学习特征是:通常小组为6人;决定组长,组长汇总全组意见;常常鼓励组间竞争;学习的主体是班组,各种活动的主体也是班组。"班组学习"和"集体学习"这种形式在俄罗斯、日本、越南、墨西哥和朝鲜等国极为普及,其起源均为苏联。苏联在斯大林领导的5年发展计划实施期间中,集体农庄、国营工厂和少年团的内部均组织成为6人小组的班组。这种学习方式在日本稍有变化。它转而以马克思主义的"生产力理论"为理论指导,通过大政翼赞运动的大力推动,在工厂和学校中引入并逐渐普及。

顺带而言，在大正新教育时期（1917—1930 年左右），日本是世界上普及"协同学习"方式的少数国家之一。观察现在收集到的照片可知，当时学校里几乎均是 4 人小组学习。及川平治的"分组式动态教育法"是例外。他借鉴美国的效率主义的组织方式，导入了 6 人小组并进行能力分组。大政翼赞运动使本已普及的 4 人小组的"协同学习"转变为 6 人小组的"班组学习"和"集体学习"。

第二次世界大战结束后，日本的工厂与学校原封不动地继承了战时形成的 6 人小组的"班组学习""集体学习"。丰田生产方式作为"日本型生产体系"广为世界各国所知，其实也是在大政翼赞运动中得到确立，并为战后主流社会所继承的生产方式。

6 人小组的"班组学习"和"集体学习"方式降低学力，在教学实践中决不能再实行了。TIMSS 的调查表明，1995 年，日本普遍实行 6 人小组的小组学习。但是，那时候，小组学习越活泼则学生的学力越低。2015 年，与此前的调查结果相反，小组学习越活泼则学生的学力就越高。这无疑是因为，6 人小组方式降低学力，而 4 人小组方式提升学力。

另一方面，cooperative learning 和 collaborative learning 在所有国家都呈现出旺盛的生命力。在英和字典中，"cooperative"和"collaborative"这两个英语词汇均翻译为"协同、协力、共同"，很难区分其细微差别。可是，这两个英语词汇各自具有完全不同的含义。英语的"cooperative"指互相取长补短，通过合作完成某项工作。与此相比，"collaborative"指多样化个体齐心合力创造出新生事物。也就是说，"cooperative"是协力，而"collaborative"是协同（或者说协动）。这两个英语词汇的区别也同样存在于 cooperative learning 和 collaborative learning 两个学习概念的基本内涵深处。

世界上普及最广的是 cooperative learning。根据英语的原意，我把这种学习方式翻译为"协力学习"。这种学习方式自 20 世纪 50 年代以来，经过约翰逊兄弟（D. W. Johnson，R. T. Johnson）和 R. E. 苏莱文（R. E. Slavin）等社会心理学者的提倡，在美国社会得以确立。其成立的前提是"与个人相比，小组的生产效率更高"和"与竞争性关系相比，协力性关系的生产效率更高"两个基本观点。针对上述这两个观点，约翰逊兄弟通过对一百多份相关研究的元分析，对此进行了实证检验。不管是学校还是工厂，协力才是提高生产率的要件。对于老年教师而言，大家都应该知道"蜂鸣（buzz）学习"这个词吧。蜜蜂集体的噪声被称作"蜂鸣"。这个词用来指儿童一边弄出噪声来，一边互相说话和学习。"蜂鸣学习"理念是 cooperative learning 的出发点。

"协力学习"的特点是：小组成员间协力是小组学习的基石，交流和互相教育是学习的中心，小组的成员各自承担并完成自己应承担的责任。因此，协力学习经常实行角色分担。尽管"协力学习"形式多样，但在世界各国能够广泛普及是因为其方式与技术相对固定，任何教师均能容易地付诸实践。

但是，上述的"cooperative learning"在日本却被翻译为"协同学习"，并得到普及。尽管该词应被翻译为"协力学习"，翻译为"协同学习"也算不上误译，但若严格起来分析，翻译过来的词汇内涵确实表述有误。不过，导入该词的日本教育心理学者已经习惯于使用"协同学习"来翻译"cooperative learning"。这就给现在的词汇使用带来了混乱。后来的教育心理学研究者为了表示"collaborative learning"与"cooperative learning"的区别,不得不使用另外的词汇。于是,就出现了"协调学习"和"协动学习"等词汇。这些词汇与我使用的"协同学习"同义,均指"collaborative learning"。

对于上述的"协力学习",我并不反对,但我不推荐这种小组学习方式。该方式无视教科内容差异,设定共同方式,实施起来容易,但对提升学力效果有限。这是因为,它倾向于扩大优生与差生之间的学力差距。

那么,上述的与"collaborative learning"同义的"协同学习"又具有何种特征?基于何种理论而生?如前所述,"collective learning(班组学习/集体学习)"、"cooperative learning(协力学习)"与"collaborative learning(协同学习)"的根本区别在于,前二者为具体的学习方式,后者既是理论也是哲学。实际上,在与"collaborative learning"有关的文献中,几乎没有记载任何方式与技术。文献中记载的是维果茨基的发展理论(最近发展区)和约翰·杜威(John Dewey)的认识哲学及社会哲学。学习的理论形象也高度一致。学习主体并非集体而是个体,学习并非会话而是互相倾听关系(对话),学习并非互相教育而是互相学习。这些均产生于个体对文化共同体的参加与创造。

在政府的学习指导要领中,把 collaborative learning 翻译为"协动学习"。"协动"这个词本来是阪神大地震之后,从地方自治体的城市恢复与建设运动产生的日语词汇。来自地方社会共同体建设的"协动"一词被移用于教育领域,孕育了"协动学习"一词。

## 二、协同学习的理论基础：维果茨基的最近发展区理论

协同学习是一种理论体系。为了让协同学习在实践中获得成功，首先就必须理解维果茨基的最近发展区（Zone of Proximal Development，ZPD）理论。

对于维果茨基的最近发展区这一概念存在几种不同的解释版本。最为普及的解释版本是，从教育（教学）与发展的关系角度理解最近发展区，指出教育（教学）在发展过程中的主导地位。这种解释是苏联的教育学的解释。在日本，《思考与语言》（柴田义松译）也沿袭了此种解释。另一方面，在美国介绍最近发展区理论的迈克尔·科尔（Michael Cole）把它翻译为"学习与发展的关系"，并认为其显示的并非教学的主导性而是学习的主导性。

为何会产生如此根本对立的解释呢？一个原因是俄罗斯语"общение"的解释，这个词汇同时具有教师教与学生学两方面的含义。一般翻译为"教学—学习"。在古代希腊语与中世纪欧洲语言中，同时具有主动与被动两种形态的中间态的词汇很多。"общение"正是其中之一。但是，如果从词源而言，与教学的成分相比，该词中包含的学习的成分更多一些。维果茨基是儿童学研究者。他的学习与发展关系的研究的焦点在于，试图明晰二者各自的独立性与彼此的相互关系。因此，他既批判把发展归因于学习的行为主义心理学，也批判把学习归因于发展的格式塔（Gestalt）心理学。从此而言，"общение"中的"教学—学习"联合体更偏向于以学习为中心的词汇。更准确地说，"общение"一词的核

心意义主要指教师指导下的教室中的儿童学习。

如果不从"教学与发展的关系"而是从"学习与发展的关系"理解最近发展区,那么,这个最近发展区概念就成为协同学习的理论基础。

最近发展区是独自可达成水平与他人支援或工具使用之下可达成水平之间的区域。也就是说,发展的最接近领域如图 13-1 所示。

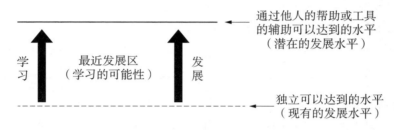

图 13-1　维果茨基最近发展区示意图

该图底端的线表示儿童独立可达成水平,最顶端的线表示儿童在他人(教师或儿童)帮助或借助工具之下可达成水平。儿童学习已经理解的东西和能做的东西不能称之为真正的学习。简而言之,下限之下的东西不能称为学习;另一方面,他人支援或工具使用之下可达成上限之上的东西也不能称为学习。也就是说,学习仅在最近发展区之内发生。

从这里可得到两点启示。

第一,学习仅靠个体无法产生。如果单独一人进行学习,那么收获就很少。可能最多只能达到上图的最下端的线附近吧。

第二,学习效果最明显的水平应该是达到上图的最上端的直线附近。按照儿童发展水平进行教育最多也只能实现下限。也就是说,与上图的下端的线契合的教育效果最差。因此,学习课题水平设定应该与在与他人协同或工具使用之下可达成水平相契合。

如图 13－1 所示,儿童的学习和发展分为两个阶段。第一阶段在协同学习之内发生,第二阶段在个体学习之内发生。维果茨基认为,儿童发展最初起源于"社会关系"(与他人协同),其次起源于"心理关系"(个人内部)。二者之间关系不可逆。在未来发展水平上,通过协同学习达成的学习与发展会导向个体之内的学习与发展。

如何把最近发展区理论具体化并运用到教室里的儿童学习之上?其中的认识与判断并不困难。儿童沉浸于学习之中,埋头学习之时,即可判断其在最近发展区之内进行学习。如果儿童不能专心于学习,而是闲话很多,这说明课题设定水平过低。儿童沉浸于"好像懂了但是没懂的课题"并尝试解决该课题才是学习。放至上图之中,就是越接近上端直线,儿童越能够沉浸于学习之中。在教学过程中,教师必须细致观察儿童学习,设计协同学习课题。

进一步而言,最近发展区的范围受到社会文化语境的影响。在儿童能够安心学习的环境与关系之中,在不让一人掉队的互相关心型社会关系已经建构起来的教室里,最近发展区的范围就会扩大。反过来说,在不是根据协同关系而是根据竞争关系组织起来的教室里,在实行教师中心的课堂教学的教室里,最近发展区就会缩小。

对于协同学习而言,维果茨基的最近发展区是必不可少的理论概念。不过,最近发展区概念也存在一些需要进一步分析的理论问题。比如,根据该理论,儿童如果与其他有能力的儿童一起学习,其效率就高。但是,实际上,学习并非如此简单。经常观察到的一个现象是,与学力较低儿童协同学习,学力较高的儿童的学习质量也会提高。因此,对于协同学习而言,尽管最近发展区理论必不可少,但教室里发生的学习现象比该理论更为纤细和复杂。

## 第十四章　学习设计：共有学习与挑战学习

### 一、设计思维下的学习改革

　　根据计划进行教育实践和根据设计进行教育实践之间，在目的、理论与方法上均不相同。计划在实践之前决定，实践沿着计划好的路线进行。与此相对，设计是"与情境的对话"（唐纳德·舍恩，Donald Schon）。在实践之前及之中均会修改。实践根据变化着的设计进行。决定计划的是目标。相应地，其实践是通过"目标（计划）—达成—评价"循环的程序实践，评价展示出目标达成度，实践研究是假设检验型研究。与此相对，决定设计的是愿景。想创造何种教学，想实现何种学习？依此引导教学和学习的设计。相应地，其实践是通过"设计—实践—反思"循环的项目实践。①

　　如上所述，计划实践与设计实践的样式、理论和语言均明显不同。

---

① 日语原文的"计划"与"设计"分别使用英语的"plan"与"design"的片假名。在现代日语中，学术用语一般直接使用外语的片假名来表记（表音符号），以使词语在翻译过程中内在意义保持完全不变。因此，在此语境中的"plan"与"design"与我们理解的日常意义显然有所不同。在日常意义上，二者毫无疑问高度近义。这里的"design"更近似于中国学者所说的建构"constructing"或谐调"aligning"。

计划实践是目标达成的技术实践，设计实践是愿景追求的反省实践。只要学校教育作为制度规定下的教育实践的特征不变，那么就必然会组织成为程序实践（技术实践）。但是，在学校里，教师们及儿童们追求的是基于设计的项目实践（反省实践）。进一步而言，计划实践适合于物质生产劳动，设计实践适合于文化社会活动。

在 21 世纪型的教与学之中，必然会从"计划中心的教与学"向"设计中心的教与学"转型。这是因为，在 21 世纪的社会里，与学习效率相比，创造性、探究与协同学习的价值更高。在日本，现在仍然是教案制作（计划）指导下的教学实践和教学研究占据主导地位。今后应该进行改革，创造出基于设计思维的"设计—实践—反思"循环的教与学。

## 二、共有学习和挑战学习

在推进学习共同体改革的教育实践中，我一直从事基于设计思维的"学习设计"研究。我的设计方式是把一节课的教学分为"共有学习"（教科书水平）和"挑战学习"（超过教科书水平）这两个部分。在通常的教学过程中，经过 30 分钟后，大约三分之二的学生达到了理解水平，另外三分之一的学生却放弃了学习。为了消除这个现象，实现不让任何一人掉队的目标，让所有学生从教学开始到教学结束均沉浸于学习之中的教学过程，就必须把教学过程设计成为"共有学习"和"挑战学习"两个不同的部分。"挑战学习"部分的最适水平是三分之一的学生能达成的水平。这是迄今为止的经验总结。

互相倾听关系与协同关系如果得以建立，那么，通过"共有学习"和"挑战学习"，从教学过程的开始直到结束，教室内所有儿童均会沉浸于学习型教学之中。为何会如此？维果茨基的"最近发展区"理论可以用来说明这点。请大家务必重新学习一遍该理论。

## 三、挑战学习的效用

"共有学习"和"挑战学习"的效果极为明显。特别是在促进低学力儿童的学力向上方面。可以说，世间已无比这种方法更有效的方法了。我曾经支援过许多在其所处的都·道·府·县或市内的学力最低学校的教学改革。在其中的任何一所学校里均发生了可以称为"奇迹"的学生整体的学力提升。那么，这些学校的学生整体学力为何能够提升呢？

对普通教师来说，可能这一点非常难以理解。其实，低学力学生非常喜欢"挑战学习"。在 20 年前，我也无法理解这一现象。不过，随着对低学力学生的学习过程的深入观察，我慢慢理解了其中的秘密。普通教师一般把学习过程理解为"从基础到发展"和"从理解到应用"两个互相联系的阶段。这是高学力儿童的学习方式，不是低学力儿童的学习方式。低学力儿童不懂基础，所以无法从基础开始发展；低学力儿童不能理解知识，所以无法从知识理解走向知识运用。但是，在"挑战学习"的过程中，低学力儿童以"从发展到基础"的降阶方式进行学习，通过"在应用之中理解"而实现了学习。其结果就是，即使未能完成"挑战学习"，低学力儿童也能实现理解"基础"的学习。而且，"挑战学习"具有平等对待高学力儿童与低学力儿童的公平公正教育的效果。低学力儿童能够通过对等关系，参加协同学习。这经常会产生提升其自我认同感并发挥其学习效用的功能。上述各要因综合作用，就让低学力儿童完全沉浸于学习之中，能够克服许多学习障碍，最终使学力得以提升。

"挑战学习"能够促进协同探究，发挥催生"真实性学习"的效果。对于追求教科本质的真实学习而言，可能再没有比"挑战学习"更有效的方法了。

当然，设计"挑战学习"对教师的专业性提出了更高要求。许多教师虽然能够以教科书说明、解释的方式进行教学，但是却不具备设计超过教科书水平的课题的能力。因此，在学习共同体改革启航之际，我想当然认为，由于其提倡"挑战学习"，会很难获得教师们的赞同。可是，现实却完全相反。所有教师均一边说着"挑战学习设计困难"，一边努力、积极地设计挑战课题。这是因为，教师们完全为儿童们沉浸于学习之中的忘我学习身姿所感动。如今，"挑战学习"的实际影响已经超出学习共同体改革的领域之外，在很多的日常教学实践中也逐渐得到了普及。如果还有哪位教师未尝试过，请务必挑战一下。

在此，我补充说明一下自己提倡"共有学习"和"挑战学习"这一学习设计的背景。

在 20 年前，当我初次提出"挑战学习"的建议时，心中隐隐有一丝不安。小学的教师需要教学校所有的科目。他们能够在所有的教学中设计"挑战学习吗"？对于一直采取教科书说明方式的教师们而言，"挑战学习"提议是不是会成为他们参加学习共同体改革的阻碍？

不过，这个不安转瞬即逝。这是因为，儿童们非常喜欢"挑战学习"，并完全接受它。与儿童们的真挚学习姿态相呼应,教师们也开始积极地尝试教学改革。"挑战学习"对教师们的教科素养的依存度很高。不过,完成"挑战学习"的设计也不是不可能事件。首先,尽力而为即可。因此,请教师们尽量在教学实践中试一试"挑战学习"的学习设计啊!

## 第十五章 实现真实性学习:探索教育知识的本质

### 一、真实性学习的概念

真实性学习(authentic learning)的概念包含多重含义。有研究者认为真实性学习是以现实的现象和问题为对象的学习。有研究者认为真实性学习是学习者针对自己内在的真实的忠实学习。有研究者把在现实情境中发生的学习叫作真实性学习。也有研究者把学习过程遵循学问(科学)方法的学习称为真实性学习。总之,真实性学习的含义可以是上述任一种。

学校里学习到的知识并非"真理"。时至今日,这一疑问仍一直被反复提起。该疑问可以追溯至哲学的原点处。古希腊哲学家柏拉图曾用洞穴囚徒来比喻认识的异化。囚徒在洞穴里被铁链锁住只能面向洞穴深处。他只能看见洞穴之外事物和事项的影子。也就是说,把现实(知识)之影误认为现实(知识)本身。如果把囚徒释放出来,目光望向洞外,由于光线刺眼,可能就什么也看不见了。与此同时,约翰·杜威认为,学校里的学习犯有两个错误。第一,给学生地图(教科书),让学生在地图上旅行。第二,不给地图(知识),让学生去旅行。这不过是让他去漂泊。先给学生地图再让他们实际去旅行的学习如果不能实现,真实性学习就无法实现。我把学校的知识叫作"碗装方便面知识"。儿童们在学校学到了大量知识。但是,这些知识如果像碗装方便面一样营养价值较低,结果会怎么样呢?肯定是学得越多身体就越衰弱,结果是肚子饱饱的而人却被饿死了。

这些比喻均是用来说明学校里的学习异化现象。为了让学校的知识和学习为真,就必须进行学习革命。近年,真实性学习受到重视的背后是主体性学习(active learning)理论普及与得到社会的承认。有人把"主体的、对话的深度学习"中的"深度学习"翻译为英语的"deeper learning"。我个人非常赞同这个英语翻译。

既然真实性学习具有多义性,那么人们就用多种多样的方式去追求。例如,现实世界的学习、探索的探究学习、通过设定现实课题统合多样知识的学习、高阶思维的学习、无确定答案的探究学习、促进反省思维和深度思维的学习、学习过程中追求与多样他者协同的真实性学习,等等。那么,真实性学习为何如此多义呢?这个现象的出现其实是因为真实性(authenticity)这一概念自体十分复杂。

最初提出"真实性"概念的是让·雅克·卢梭(Jean-Jacques Rousseau)。卢梭在《忏悔录》(1782年)中,从自己曾患分裂症的个人经历出发,诘问"我是谁",探究"自己的内在真实"是否存在。卢梭把"自己的内在真实(内声)"称作"真实性"。正如文艺评论家的莱昂内尔·特里林(Lionel Trilling)的《"诚实"与"真品"》*Sincerity and Authenticity*(1972年)所言,卢梭对真实性的探求催生了近代文学。另一方面,也如政治学者查尔斯·泰勒(Charles Taylor)的《自我的源泉》*Source of the Self*(1989)和《真品之伦理》*The Ethics of Authenticity*(1991)所言,卢梭对真实性的追求形成了近代的自我概念，确立了民主主义社会的基础。

另外，与卢梭的概念体系有所不同，具有另一内涵的"真实性"概念也得到普及与发展。那就是区别"正品"与"赝品"的"真实性"。依据此"真实性"，能够识破艺术品、乐器、古代书籍等物品中的赝品，从而寻找"正品"。卢梭的"真实性"认识主体的内在真实。与此相对，还有一个"真实性"认为认识对象（事物）是真品，需要追求。这样一来，"真实性"具有"内在真实"与"外在真实"的二重性。二重性既一分为二又合二为一。可以说，认识主体的"这是正品"的感觉作为"真实性"立于两种真实的交叉点之上。

## 二、学习中的真实性

提倡学习真实性理论的是维果茨基学派的学习科学者。在教育学里（学习科学）里，芭芭拉·罗戈夫（Barbara Rogoff）于其1977年的博士论文中最先提出了这个概念。该研究调查了玛雅高原的印第安纳儿童的文化发展。该论文展示了这些儿童在社会文脉之中，在文化共同体之中的心理发展过程，提出了认知学徒制的概念。其后，该概念成为学习科学里真实性学习研究的理论基础（*Apprenticeship in Thinking Cognitive Development in Social Context*, 1991）。

其后，新维果茨基学派的杰·拉维和安悌拿·温格（Jean Lave & Etienne Wenger）提出"情景化学习——正统的周边参加（Situated learning：Legitimate peripheral participation）"（1991），对学校的知识与

学习展开了批判。杰·拉维和安悌拿·温格认为,在利比里亚,裁缝艺人和肉品运营者的徒弟的学习与学校的学习不同。学习是在文化共同体之中从周边(徒弟)向中心(师傅)迁移。一开始就与知识整体相遇,学习是从整体的一部分转向另一部分。总之,维果茨基学派认为真实性学习是文化共同体的参加。

接着,介绍一下与维果茨基学派稍微不同的理论体系。该学派认为学习并非知识理解,而是知识探究。其中一位是主张"探究学习"的约瑟夫·施瓦布(Joseph J. schwab)。施瓦布是生物学教授,是在 20 世纪 60 年代发展起来的新课程运动的主导者。他因编写了生物学教科书 BSCS 和相应的指导用书而广为人知。他既是生物学者,也是信奉杜威哲学的教育学者。施瓦布把古希腊以来的教育分为传授"服从戏法"的教育和传授"探究戏法"的教育。"服从戏法"教育传授正确答案,"探究戏法"教育正是探究本身。当时,"学科结构(structure of discipline)"是课程研究的核心概念。施瓦布把"学科结构"分为知识的实体结构(substantive structure)和知识的文法结构(syntactic structure)。在"探究学习"中,知识学习的中心应该是"知识的文法结构"。也就是说,在"探究学习"中,知识的认识与表现的方法比知识的意义本身的理解更重要。

哲学家格雷戈里·贝特森(Gregory Bateson)也有同样的主张。他认为,知识学习有两种基本形式:①型学习是对知识自身的学习,②型学习是对知识学习方法(思考方法)的学习。①型学习通过观察与测验而可见。②型学习潜在于知识背后,存在于在学习者内部探究过程之中而不可见。如果一定要分辨出哪一种学习更重要,当然是②型学习更重要一些。这是因为,如果没有②型学习,学校里学到的大部分知识不仅在现实世界里而且在个体一生中均几无任何意义。不过,在学校里,如何教学才能让学生顺利进行②型学习呢?

## 三、真实性学习的实现

在教室里的日常学习过程中,存在着许多能够促进学生实现真实性学习的契机。以下通过几个具体事例来加以分析。

这是我在某小学一年级教室里遇到的事例。算术减法的教学。新进教师在教学伊始,以"7 减 3 是?"向学生发问。当听到正确答案是 4 之后,教师就在黑板上把算式写了出来。接着,以"蛋糕有 6 个。碟子有 4 个。什么东西缺几个?"向学生发问。与教师的预期完全相反,孩子们陷入了沉默。即使如此,教师仍然继续发问。当教师继续追问时,学生们回答"无法减"。新进教师这时候感到有点畏缩了,教学实际上已经无法进行下去了。于是,他向正在现场参观的我求救。这里,实际上隐藏着实现真实性学习的重要契机。在数学中,存在着现实世界的"个数"、半现实世界的"数量"和抽象世界(数学)的"数理"三个层次。儿童们针对"蛋糕 6 个与碟子 4 个"回答"无法减",是因为他们认为这就像从 5 个苹果之中无法减去 3 头猪一样。他们对这个问题抱有极大的疑问。

我站上讲台,让孩子们在笔记本上画两个大圆,一个圆中画 6 个蛋糕,另一个圆中画 4 个碟子。让他们把这两个圆用两条线连起来,以此对应起来。然后,让他们用小瓷块算出答案,并写出数式。简而言之,把现实世界可视化为半现实世界的数量关系,然后进一步抽象,导入数式。这个过程充满让人类获得"数理"、使数学诞生的原始真实性学习的气息。作为"挑战课题"，我提出了如下问题："有 5 人举行生日聚会。蛋糕 7 个，碟子 3 个。什么东西不足多少？用图和数式来思考一下。"这次，儿童们画了三个大圆，分别用线连起来，然后用 5 减去 3 的数式进行解答。

这个事例说明，数这个数学概念建立在集合理论的基础之上。通过这个事例，我发现，贝特森所谓的②型学习在学校教育环境中比比皆是。教师促使学生进行②型学习的契机就隐藏在儿童们的学习挫折和困惑之中。

再介绍我参观另外两个小学一年级教室碰到的事例。进位加法教学。两个教室均出现相同事例。在教学中，教师提问"9 加 7 等于？"儿童们把 7 分为 1 和 6（或者把 9 分为 3 和 6），得出 16 这个正解。还有一些孩子，使用手指头来计算。一位儿童手指头不够用，就两位儿童结对，使用 20 个手指头来计算，最终得到正解。接着，教师又做出指示："把现在的计算结果使用小磁块确认一下。"可是，几乎所有儿童在使用小磁块的计算中均失败了。虽然他们能够把 9 块和 7 块瓷砖排成一列，但是此后却再无任何进展。这不管是对于教师还是对于参观者来说都是意外之事。

这里面就隐藏着可用于思考真实性学习的契机。算术（数学）理解发生在当且仅当数式的"操作的意义"和该数式的"数量的意义"一致之时。在这个事例之中，最初仅靠数式得到正解的儿童理解了数式的"操作的意义"，但并未理解"数量的意义"。因此，数学层次的理解也无法达到。这一点就在使用小磁块进行计算无法得到正解时显露出来了。数式计算时，能够凑成整 10 的集合，但是在使用小磁块（数量）时，却无法认识十进位法的结构。

对于儿童们来说,十进位法结构的理解非常之难,其难度远远超乎我们的想象。人类在 5 000 年前就能够计算大数了,但是在数式中使用十进位法是在 14 世纪印度发现(发明)了"0"之后。当"0"被作为数字之后,依据十进位法进行计算就成为可能。如果仅从数学上来考虑,与十进位法相比,60 进位法应该更好一些。如果使用 60 进位法,只能使用分数或小数来表示的数字的数量就会锐减。尽管如此,为什么人们使用十进位法呢? 对此,儿童们也给予了他们的回答。这是因为手指头有10 个。

## 四、通过真实性学习进行学习革命

应该如何通过真实性学习来实现各学科①的学习革命? 真实性学习含义多样。但是至少必须满足以下三个条件:学科本质的探究;学习者发自内心的真实和忠实的学习;学习的内容和方法由现实情境构成。

因为各学科的风格不同,故其本质千差万别。社会科仅靠教科书能进行教学吗? 社会科的思考是基于资料和数据的思考,是从多元视角批判性观察和深入解析社会现象的思考。因此,仅靠教科书不可能进行社会科的教学。依据资料和数据进行探究学习,并与教科书的知识结合起来,这才是社会科的真实性学习。对于社会科的真实性学习而言,资料和数据的选择以及学习课题设计起到关键作用。

———————————

① 作者有时候使用"教科",有时候使用"学科(discipline)",有时候使用"学术或科学"。三个词均指中小学里的各个具体的教学科目。

理科的真实性学习如何实现呢？几乎所有的理科的教学均沿着假设→实验→检验的顺序进行。而且,实验几乎都已经写在教科书里。这能成为真实性学习吗？假设→实验→检验确实是一种科学方法,但其并非科学探究的本质所在。科学探究的本质在于,通过"观察"从可见现象中发现不可见的关系和规律即"建构说明模型"。因此,最好进行教科书里没有记载的实验。在实验过程中,与假设与检验相比,要更重视观察。在此基础之上,描绘能够说明观察到的现象的"模型图"才是真实性学习的基础。

为了实现真实性学习,根据现实情境进行学习改革尤为重要。在社会科里,必须把现实中人们正在争论的问题作为学习课题。在理科中,比如,在电磁理论部分学习马达时,不是通过安装马达让模型汽车跑起来,而是要把扫地机的马达和扩音器拆开,在更接近现实的情境中学习。

比如,在芬兰的初中的技术课上,既有电子吉他的本体制作、扩音器电子回路的设计和制作的班级,也有分班设计和制作真正的汽车的班级。在我访问的加拿大的高中里,技术课上进行了真正的飞行器的设计和制作。这些技术教育是基于现实情境的真实性学习的典型。

文学教学比其他任何学科更需要真实性学习。不过,在几乎所有的文学教学中,学习的真实性遭到破坏。近代以后的文学本来应该是个体阅读的东西,存在于"世界(人生)的秘密"和"我的秘密"相遇的交点上。因此,文学学习应该是每个个体与文本的对话,以此为中心,建构多样化的个体阅读体验。可是,大多数文学教学变成了"会话"式"阅读理解"。

为了在文学教学中实现真实性学习,我想请教师们注意以下三个方面:不追求主题;不追问情感;不诘问为什么。"不追求主题"是因为,固然文学作品富含主题,但是优秀文学作品的文本远远超过作者设定的主题和写作意图。如果追求主题,就会陷入对文本的表层阅读或者践踏了读者内心的真实感受。"不追问情感"是因为,固然文学作品描写了人们的情感,但是文学作品描写出的情感是语言无法描述的复杂情感。如果试图通过语言去阅读情感,情感就会停留在表层,从而破坏了语言的象征性与多义性。"不诘问为什么"是因为,文学固然能够描写出被隐藏的人生的真实,但是这个真实却是不符合因果关系和无法合理说明的无条理真实。描写出无条理的真实才是文学作品的艺术价值之所在。

读者可按照上述"三不"要求,详细地体味不同文学作品固有的独特魅力,在文学作品阅读中追求并实现真实性学习。

# 第十六章 ICT 教育革命

## 一、计算机使用的教育效果

在 ICT 教育方面，日本出现了很奇妙的现象。所有国家在特殊时期的学校封闭期间均积极推进计算机活用和实施线上教学，而在学校封闭解除后学校和教室里的计算机就不见了。不过，日本却有所不同。在学校封闭期间，仅有 5％的小学和初中学校实施了线上教学，但是在封闭解除后却开始于教学之中大量使用电子计算机。同样的现象也出现在印度和中国台湾地区。这些均是学校计算机配置较迟，仅在特殊时期才匆忙配置的国家或地区。

目前，社会上有人在大肆宣扬，通过 ICT 教育，实现"最优个体化教学"，建构"未来教室"。不过，即使能够实现"最优个体化教学"，就是建构了"未来教室"吗？对于学习而言，ICT 教育本来具有什么样的效果呢？

在计算机的教育效果方面，最值得信赖的是 PISA 调查委员会的分析结果。该调查分析了 OECD 20 个成员国的网络调查和 29 个成员国纸质调查的结果（2015 年）。

如图 16-1 所示，这是"电脑使用时间与阅读素养之间关系"的调查结果。图 16-1 是"阅读素养"，图 16-2 是"数学素养"（科学素养的调查结果几乎与数学能力的调查结果相同，这里就不再展示）。在两个图中，横轴（X轴）是学校里电脑使用时间，纵轴（Y轴）是 PISA 调查的学力的数值。

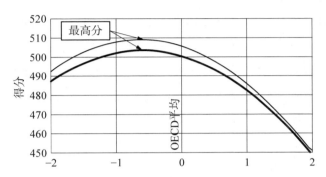

信息通信技术（ICT）在学校的使用指数

　**——** 数字阅读素养（20个经合组织国家）

　**——** 纸媒体阅读素养（29个经合组织国家）

图 16 - 1　电脑使用时间与阅读素养之间关系

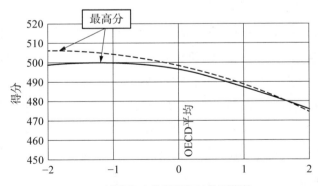

计算机在数学课上的使用指数

　**——** 基于计算机评估的数学素养（20个经合组织国家）

　**- - - -** 基于纸质评估的数学素养（29个经合组织国家）

图 16 - 2　电脑使用时间与数学素养之间的关系

调查结果一目了然，学校里计算机使用时间越长学力就越低。即学校里计算机使用时间与学力之间呈现反相关关系。

还有一个调查结果值得高度相信，那就是麦肯锡以 51 个国家 34 万学生和教师为对象的电脑使用情况的调查报告（2020）。该调查比较了学生每人一台计算机、师生共用一台计算机、只有教师每人使用一台计算机三种情况的结果。第一种情况下学生受到的负面影响最大，师生共用一台计算机也有一定负面影响，仅在教师每人使用一台计算机的情况下有微弱积极影响。

## 二、教育效果成因分析

为什么在学校里导入计算机不仅没有产生积极效果，反而有负面影响呢？其背后可能有以下三个原因。

第一，现在的计算机导入教学过程中的使用方法有误。现在学校里普及的计算机教育的教学项目多是数字教科书，程序化学习，精品课程网络版，是关于教学工具的计算机应用。不过，与"教学工具"相比，计算机的教学应用更应作为学习工具。如果作为"学习工具 = 思考工具 = 探究工具"来使用，计算机应用的效果会更好。

第二，计算机应用对于信息和知识检索等表层学习有效，但是对于活用这些知识、思考和探究的深层学习而言，效果非常有限。若想以探究来实现深层学习，那么不是计算机使用而是小规模协同学习最有效。

第三，电子计算机对个体化协同学习有阻碍作用。

总之，不是把电子计算机作为"教学工具"，而是把它作为"学习工具"，也就说作为探究和协同的工具来使用时，它就能够发挥教育效果。换句话说，如果把电子计算机作为一种文具来自然地运用于学习过程之中，它就能发挥最佳的教育效果。

迄今为止，为什么 ICT 教育会给教育实践带来如此多的混乱？最大的原因是，2018 年以后，经济产业省与 ICT 企业合作，把"个体化学习"作为"未来教室"的形式而共同推进。在中教审①的答申"令和的日本型学校教育"中，也使用了"协动学习和最优个体化学习的一体化"这样充满矛盾的标语口号式的词汇。

## 三、ICT 教育= 最优个体化学习？

"ICT 教育 = 最优个体化教学"就是"未来教室"的观点被大肆宣扬。真是如此吗？"最优个体化学习"翻译为英语则是 individualized optimization，optimized learning，individualized learning 等词，网络上可以检索这些词的含义看一看。"最优个体化学习"是 50 年前教学改革的中心主题。

代表理论是 B. F. 斯金纳（B. F. Skinner）的程序学习（教学机器）以及本杰明·布鲁姆（Benjamin Bloom）的"形成性评价"和"掌握学习"。当前，在日本的学校里，"最优个体化学习"软件逐渐普及。它是提倡"操作性条件提供""即时反馈""细步进阶"等 50 年前斯金纳的程序学习的

---

① "中教审"是中央教育审议会的简称，为日本文部科学大臣的咨询机构。它最初于 1952 年 6 月设于文部省内，对其后的日本教育政策制定具有重要影响。

高度近似物。现在，提倡斯金纳学习理论的学习科学者或教育学者一位也没有。但是，ICT 教育业界至今仍奉之为圭臬。这情形确实让人吃惊。在 20 世纪 70 年代后期，斯金纳的教学机器就从学校现场消失，随之而去的是"最优个体化学习"这一词汇。也就是说，"最优个体化学习"并非"未来的教室"，而是"过去的教室"。ICT 教育界把这"过去的教室"当作"未来教室"而大肆宣扬，这是导致学校教育现状混乱迷离的最大原因。

## 四、作为探究与协同学习工具的 ICT 教育

第四次产业革命引发剧变的未来社会需要何种教育？一直走在第四次产业革命前头的世界经济论坛于 2020 年 10 月发表了《工作的未来（The Future of Jobs，2020）》，该报告提出在 2025 年进入社会参加工作的人需要具备以下 10 项能力。

① 分析性思考与革新（Analytical thinking and innovation）

② 主体性学习及学习策略（Active learning and learning strategy）

③ 复杂问题解决（Complex problem-solving）

④ 批判性思考与分析（Critical thinking and analysis）

⑤ 创造性、独创性和主体性（Creativity originality and initiative）

⑥ 领导力和社会影响力（Leadership and social influence）

⑦ 技术的活用、监控和控制（Technology use，monitoring and control）

⑧ 技术的设计与编程（Technology design and programing）

⑨ 心理弹性、压力容忍与灵活性（Resilience，stress tolerance and flexibility）

⑩ 推理、问题解决和新观点创造（Reasoning，problem-solving and ideation）

请读者留心，上述 10 项能力之中，与 ICT 教育相关的仅有两项，其他 8 项均是创造、探究和思考的能力。世界经济论坛在报告发表之前公布了 2020 年报告，其中也提出第四次产业革命要求的 10 项能力。如下所述，10 项能力之中没有一项与硬技术相关，均是软能力。

① 复杂问题解决（Complex problem-solving）、② 批判性思考（Critical thinking）、③ 创造性（Creativity）、④ 人际管理（people management）、⑤ 与他者的协调（coordinating with others）、⑥ 情感智力（emotional intelligent）、⑦ 判断与决断力（judgement and decision-making）、⑧ 服务精神（service orientation）、⑨ 交涉力（negotiation）、⑩ 认知灵活性（cognitive flexibility）。

而且，世界经济论坛在 2020 年于其报告《未来的学校（School of the Future）》中，提出了如下 8 个应该学习的领域。

① 世界公民技能（International citizen skills）

② 革新与创造技能（innovation and creativity skills）

③ 技术技能（Technology skills）

④ 人际关系技能（Interpersonal skills）

⑤ 个性化和自步学习（Personalized and self-paced learning）

⑥ 遍在与全纳学习（accessible and inclusive learning）

⑦ 问题导向的协同学习（problem-based and collaborative learning）

⑧ 生涯自主学习(lifelong and student-driven learning)

综合上述观点，可以说，为了在未来社会里成功生存下去，儿童的学习的中心必须是"创造性""探究""协同"三个。

但令人失望的是，现在的 ICT 教育很难说能满足上述教育需求。ICT 教育应该作为综合实现上述各领域的学习的工具来使用。这就要求教师们把这一点作为在教学过程中使用计算机时的指导方针。

在 ICT 教育中，计算机不是作为"教学工具"而是作为"学习工具"来使用时，换句话说，也就是作为"思考与表现的工具""探究与协同的工具"来使用时，可期待出现很好的教育效果。计算机使用成功与否并非取决于"教学中使用的方法"而在于"运用计算机进行学习设计"。这个基本认识最重要。以下是教学过程中计算机有效使用的类型。

① 作为数据库而使用(获取学习资料和网络上的知识)

② 作为监测工具而使用(体育、音乐表现的录音录像与反馈)

③ 作为模拟工具而使用(物理学实验、化学①实验等的模拟)

④ 作为学习网络而使用(与他校和他班级的协同学习)

⑤ 学习的作品化——作为表现工具而使用(书籍制作、学习影像化)

⑥ 创造性程序化学习(计算机绘图·编程·设计等)

使用 ICT 技术进行探究与协同学习具有无限可能性。其中，最重要的是教师的学习设计。优质学习设计需要教师的创造性学习观作为支撑基础。

―――――――――

① 日文原文为"数学"，疑为"化学"之误。

# 第十七章　特殊教育改革

## 一、特殊教育的教室现状

　　10 年来,特殊教育班级的在校学生数增加了 1 倍。但是,分都、道、府、县来看,特殊教育班级的在校学生的数量的差别很大。而且,不同的市、町、村之间,甚至不同学校之间,在校的特殊教育学生数也差别很大。依据何种标准,把学生分到普通班级和特殊教育班级之中? 实际上,标准非常模糊。首先,医生的诊断证明是决定性因素之一。比如,专家一般认为,多动症诊断需要半年之久。但是,很多儿童仅仅在 30 分钟之内就被专家确定为多动症。在很多地区,甚至根据入学前幼儿园的教师和保育员的判断就把儿童分入特殊教育班级。不管是专家诊断还是外行判断,这些值得相信吗? 我曾见到过有些学校,整体只有 300 名学生,却有 40 名以上学生的特殊教育班级。与此相对,有些学校仅有 0—2 名的特殊教育学生。如此分班显然缺乏科学依据。

　　20 年前,文部科学省的教育平等推进工作的负责人曾与我商讨过。他询问说,是采取欧美的做法一下子彻底推进教育平等还是分两段推进教育平等。分两段的具体做法是,特殊教育班级→中间连接班级→普通班级或普通班级→中间连接班级→特殊教育班级。我回答说应该一下

图 17-1　特殊教育教室的学习风景

子彻底推进。这是因为，如果采取两阶段的推进方式，实施就有可能在第一阶段停滞。其后的发展过程与我预想和担心的情形一模一样。其背后的理由是相关利益的存在。特殊教育的公共教育经费为普通教育的 10 倍以上。特殊教育的资格认定制度、资格取得的讲座和资格获取用的出版物等是支撑着这个利益的客观存在。

特殊教育的儿童和教师（包括支援员）的比率是 1.4∶1，几乎接近于 1∶1。现代社会的家长倾向于认为 1 对 1 的指导对儿童来说最好。这样一来，随着特殊教育的推进，儿童被孤立了，教师也被孤立了。而且，特殊教育班级学生人数剧增导致了教师队伍结构失衡。

## 二、学习权利实现和质量保障

在访问过的学校里，我常常劝说学校尽可能把特殊教育儿童放于普通班级接受教育。在推行学习共同体的学校里,教室建立在关心共同体的基础之上。让特殊教育儿童获得健康成长的条件已经完全具备了。校外人员即使参观教室,也几乎不可能知道哪位学生需要特殊照顾。关心共同体在其中发挥着巨大作用。而且,在普通班级里学习对需要特殊照顾的儿童的认知、社会情感发展的促进作用更大一些。

特殊教育班级的教学与学习应该如何进行?大部分特殊教育班级实行同步教学,或者儿童在 1 对 1 的指导下学习。不管是哪种方式,其对儿童发展的影响都不是特别明显。对于情绪不稳定的儿童,有些学校把教室切割成很多小块空间进行教学。这些学校究竟是如何来考虑这些孩子的未来呢?教室空间区隔可能会使儿童一生无法形成与他者的和谐关系和顺利进入社会。情绪不稳定、无法与他人顺利交流的儿童必须经过与其他儿童之间的大量摩擦之后,在儿童们的互相吵闹之中,获得认知和社会情感的成功培养。

为了促进儿童发展,对于特殊教育班级的教学与学习,我有以下三个建议。第一,不能让任何儿童独处,推进 4 人小组或 3 人小组的协同学习。儿童单独进行学习难以期望充分发展。第二,学科知识的学习作为教学的中心。在特殊教育班级里,经常进行"生活单元学习"和"自立活动"等教学活动。对于重度认知障碍的儿童来说,这些课程具有其独特的价值。但是,对于并非重度认知障碍的大部分儿童而言,围绕学科知识学习进行教学更有效果。而且,儿童期望班级教学能够如此进行。第三,积极导入电子计算机,推进其使用。对于需要特殊照顾的儿童来说,使用电子计算机的学习更有效。30 年前这一点就已经为人类所知。现在,在普通班级里电子计算机有过度使用倾向,故而适当抑制一下更好一些。但是,对于特殊教育班级而言,在教学过程中积极使用电子计算机则相对更有效果一些。

## 三、实现特殊教育的平等公正

2022 年 8 月,联合国残疾人权利委员会向日本政府提出强烈的"劝告",建议废除特殊教育班级和特殊教育学校的区分。据说其理由是,特殊教育班级和特殊教育学校把发展障碍的儿童们"排除"于正常社会之外,让他们受到"不公正待遇"。

在日本之外,各种发展障碍被作为"个性"来认识,任何人也不会因为发展障碍而被"排除"和受到不公正对待,平等公正的教育得以持续推进。日本的特殊教育班级和特殊教育学校中的分隔本质上是对发展障碍儿童的排除和区别对待,上述观点非常贴切。

那么区别对待究竟是什么? 我的定义是,"区别对待"是"以集体名义的标签单方向表现出来的权利关系"。比如,"黑人儿童"的集体称呼就是如此。但是,"白人儿童"的集体称呼就不存在。对白人儿童,以每个个体的具体名字来称呼。但是,时至今日,"黑人儿童"这个称呼仍然经常被使用。这就是区别对待,日本也处于同样的状况之中。"需要特殊教育儿童群体"这一词汇在学校内被频繁地使用。

与普通班级相比,特殊教育班级的教学难度水平降低了很多。这显然是一种区别对待。不管个人能力差异如何,必须保障相同教育内容的学习权利。联合国的"劝告"就是要求日本在特殊教育领域也必须贯彻平等公正的教育原则。

　　日本政府与文部科学省均反对联合国的这个"劝告"。其理由是，需要特殊照顾的儿童即使放在普通班级就读，针对不同儿童的个体需求的教育也无法进行。教师们也反对这个劝告。这是因为，联合国未给予日本特殊教育的长期实践中积累的成功经验以适当评价。不过，联合国今后可能会继续发出此类"劝告"吧。日本批准了联合国大会决议通过的残疾人权利条约，因此有义务接受其对日本的"劝告"。今后，政府和文部科学省就不得不采取一些对应措施。如果沿着"劝告"的宗旨进行改革，那么就需要，把现在的特殊教育班级改为"特殊教育教室"。所有儿童均在普通班级就读。具有特殊需要的儿童，根据该需要再到"特殊教育教室"通过走班进行学习。至少在制度上，今后的特殊教育改革会沿着这个方向进行。

　　不过，现在还存在一些根本问题。而且，这些问题将来仍会继续存在。与普通儿童相比，需要特殊照顾儿童具有相同的有利于协同学习的环境和人际关系的教室吗？如果仅看现状，答案是否定的。在特别支援班级的教室里，儿童们各自被孤立，独自学习或者被同步教学的课桌配置方式所分散开来。其实，即使在普通班级的教室里，教室文化也是竞争（不公正对待）关系占据主导地位，不让任何一人掉队、互相帮助共同学习的关系（关心共同体）并未真正形成。总之，现实是，发展障碍儿童的充分学习和个体发展不管是在特殊教育班级里还是在普通班级里均未得以实现。这个改革才是最紧要任务。

　　我自己也曾经是发展障碍儿童。这是接近死产状态下出生的结果。障碍是多方面，运动能力的障碍尤为深刻。在幼儿园，我无法登上滑梯的阶梯，也不会从上往下滑。进入小学之后，因为有认知障碍，计算容易出错。多动症使我在教学过程中无法安静 15 分钟。我经常被上了年纪的女教师斥责，与同患认知障碍的 X 君被老师从教室里赶出来。

X 君在小学 5 年级时被编入"特殊班级"。我相对比较走运。虽然有些多动症的症状，但慢慢地，逐渐适应了学校生活，能够继续在普通班级读书。也许是意外吧。身患发展障碍反而有很多好处。在父母满满的爱意中成长，也经常遇到对我异常亲切的老师。父母从未对我说过"学习去！"这样的话。我得以畅游高山、河流和大海，与无法适应学校生活的低学力和问题学生们成为好朋友，顺利度过了与竞争社会无丝毫关联的儿童时代。

根据现在医学研究的结果来看，出生时造成的脑障碍到初中时期，生理上基本会恢复。出生时即使脑死三分之二，后来也会恢复。我就是个典型啊。那么低下的运动能力到了高中时代也显著提升了。在高中的学校里，我的短跑、游泳、器械体操均处于顶级水平。

从我自身体验而言，当访问特殊教育班级时，我总是恳求，不要让这些儿童从集体中孤立出去，不要让他们受到不公平对待，不要让任何一人掉队，保障他们的学习和发展权利。

# 第十八章 学校改革:从"官僚组织"末端走向"专家共同体"

## 一、日本学校的特殊性

日本的学校有一些其他国家的学校没有的特殊性。比如,教师任教5—10 年时需要轮岗他校,校长每 3 年轮岗他校一次。在教学时间之外,教师均在职员室里活动(在国外,职员室是教师休息和喝茶的地方)。在大部分国家里,所有教师均加入教师工会,日本却只有 20％左右的教师加入教师工会。教师的劳动时间也特别长。在勤务时间之内,校长几乎都活动在校长室里(国外的校长 80％的时间,均在教室里对教师和儿童进行支援)。

日本的学校设施也独具特色。所有学校均有运动场和游泳池。学校正门有铁门把守(在欧美,仅有监狱这个社会组织才有铁门)。

学校的管理与运营也有其特色。学校运营采取校务分管和委员会制度,以校长为中心,教师们共同管理。在国外,学校运营一般是校长、副校长和事务长的工作。

为何日本学校改革如此困难?为何日本教师劳动时间如此之长?这些皆是源于日本学校的上述结构特征。

进入 21 世纪之后，不管是企业还是政府部门，管理与运营样式均发生了根本变化。20 世纪之前的管理与运营是人、财、物的管理与运营。现代管理与运营则是知识管理即信息管理。在知识社会里，不管是社会还是工厂抑或社会团体，首先必须是"学习型组织（learning organization）"，否则就很难存在与持续发展。

不过，日本的学校管理与运营至今仍坚持以人、财、物管理为中心，没有实现向知识管理的转型，也未成为"学习型组织"。一言以蔽之，日本的学校是地方行政组织的末端，并以此定位来组织、管理和运营。这是与"21 世纪型学校"距离非常远的组织与组织管理。

近 20 年来，世界各国的学校，在"专家学习共同体（Professional Learning Community，PLC）"的口号之下推进学校改革。不过，在日本的学校里，PLC 既未成为政策，甚至也未成为教育委员会、校长或教师之间讨论的话题。这是为何？学校自体也具有日本的特殊性。

## 二、结构改革的必要性

如果调查世界各国的学校便可知，世界上存在美国型和欧洲型等两种不同类型的学校。在这两种类型的系统差异中，校长的资格与作用的不同尤其显著。在美国型学校里，校长是教育博士，如同棒球总教练那样的角色，以学校运营为主业，是学校的总头目，不承担具体的教学任务。一般而言，这种类型的校长以任期合同制被聘用。在任期结束之后，他们或更新任期，或应聘到其他学校。

与美国型学校相对，欧洲型学校的校长与其他教师一样承担教学任务。这与医院院长和大学的学部长一样。医院院长也负责看病与治疗病人，大学学部长也承担教学任务。这种类型的学校校长从学校内部的教师之中选拔出来。简而言之，校长与其他教师一样，同样是职业行会的普通师傅。

世界各国的学校均属于上述两个类型之中的某一类型。中国学校的校长学历一般是硕士以上，基本不承担教学任务，属于美国型。中国一线城市的教师基本上也都具有硕士文凭①。校长资格总有一天会变成博士吧。中国台湾地区的校长是任期制聘用，也可以说是美国型。

尽管学校的管理与运营分成美国型与欧洲型。但在任一类型学校中均存在专家共同体（professional community）。在美国型中，校长是教育学专家，依据其专业知识运营学校。另一方面，在欧洲型学校中，学校的教师们形成专家共同体，依据其观点管理与运营学校。

日本的学校又如何呢？ 显而易见，日本的学校既非美国型也非欧洲型。日本的学校并非专家共同体，而是官僚组织的末端，采取官僚组织的运营方式。而且，其管理与运营方式也非 21 世纪型的知识管理而是坚持传统的人、财、物的管理。

展望学校的未来，我认为，日本学校的未来发展并非走向美国型学校，而是向欧洲型学校转型，这个趋势也是与日本教师文化所提倡的观点相一致。校长不是监督型管理者，而是与其他教师一样，也承担一部分教学的"教师的教师"，代表同僚来运营学校。现在，校长是官僚组织

---

① 原文在"硕士"之前有"教育学"三个字。根据中国实际情况，翻译时删去了这三个字。——译者注。

图 18-1　通过校内研修建构专家共同体

的末端组织的责任者;将来,要向专家共同体的管理者转型。这个转型并不容易。为此,以下谈谈对将来如何转型的若干设想。

从国际调查的结果可知,在任一国际调查中,日本学校的自主性指标的得分都非常低。日本的学校无教科书选择权,课程编制也受限制,人事、财务更无法自主。人事、财务与教育规划由教育委员会决定。学校根据该决定进行学校运营,是真正的官僚组织的末端。

另一方面,日本学校的校务分管和委员会运营在国外被作为"协同运营"而高度评价。确实,国外的学校运营是校长与副校长的事务,教师对运营的参与程度受限,教师的孤立和个人主义成为学校改革的桎梏。不过,日本的学校真正成为海外所称赞的"协同运营"了吗?分工主义下的杂务增加和协同之下的孤立应该说是日本学校的真正现实。在作为官僚组织末端的学校里,分工主义导致教师仅仅承担所担任工作部分的责任,稀释了教师对学校整体的责任。"这是某某委员会的责任"这样的意识在学校日常工作里非常流行。角色与责任均断片化，教师之间的连带感稀薄，最终变得小集体化和部落化（tribalism）。"对我的教学不要指手画脚"，教师如此这般地把学校、教室、教学和教职变成了私人物品（privatization）。仅与部分私交较深的教师进行交流，教师集体部落化。如果不克服教师队伍的私有化与部落化，那么把学校变成专家共同体的改革目标就无法实现。

## 三、21 世纪型学校改革

为了实现"21 世纪型学校"改革，必须把作为官僚组织末端的学校改变成专家共同体。如何才能实现这个改革的目标呢？

学习共同体改革也是实现"21 世纪型学校"即"专家学习共同体（PLC）"的学校改革。在推进学习共同体改革的学校里，学校运营的中心是通过校内研修建构教师同僚性。在推进学习共同体改革的学校里，所有教师每年举行一次公开教学，在校内建设教师学习共同体。此类同僚性建构就可把学校改造成专家共同体。不过，在现实中，学校的一般发展趋势与专家共同体建设的要求完全相反。根据文部科学省对教师活动时间的调查来看，1966 年至 2018 年的 52 年间，校内研修的时间锐减（小学：3 小时 42 分→1 小时 6 分；初中：3 小时 20 分→30 分）。52 年间，小学的校内研修时间减为三分之一，中学减为七分之一。

另一方面，52 年间教师劳动时间剧增。劳动时间剧增主要是因为事务性杂务增加很多。也就是说，52 年间，日本学校逐渐失去了作为专家共同体的本质特征，而转变成为官僚组织的末端机构。学校如果失去了专家共同体的基本特征，那么作为学校和教师的核心所在的公共使命和专家责任就空心化，徒然增加教师的边缘性的杂务，让教师们疲惫不堪，降低学校的教育功能。教师过重劳动必然导致上述结果。

为了建设"21世纪型学校"，就必须把已经转化成官僚组织末端的学校转换成专家共同体。把校内研修置于学校运营的中心。这是强化其专家共同体功能的第一步。如果不把学校改革为专家共同体，现在的学校和教师中存在的任一问题也就无法得到真正解决。

在观察日本学校的现状特征时，不能不注意到以下事实：一方面，日本学校的"官僚组织的末端"的特征非常明显；与此同时，另一方面，向"专家共同体"转型的趋势也逐渐显现。对过去一年间的校内研修次数的调查表明，回答"30次以下"的学校最多，但第二多是"20次以上"。这说明，不让任一教师掉队，通过公开教学进行校内研修的学校正在不断增加。这个新动向正是日本学校推进"专家共同体"改革的萌芽。

# 第三部分

学习革命的国际进展

# 第十九章　学校革新和教学改革的国际联合

## 一、学习共同体的国际会议

2021 年 3 月 5 日—7 日，在东京大学工学部的 Haseko-Kuma Hall 举办了第八届学习共同体国际会议。会议的主题是"特殊时期的学习共同体——通过协同与探究学习建构未来希望（School as learning Communities in With and Post Corona Society：Hope for the Future through Collaborative learning）"。来自中国、韩国、印度尼西亚、泰国、新加坡、越南、英国、墨西哥和日本等 10 个国家和地区的代表参加了这次会议。各国代表就各自国家的学校改革的实践与研究作了汇报。汇报包括在全体大会上作主题演讲和分三个小组深入研讨。在全体大会召开的前一天，以线上访问方式，参观浜之乡小学（茅崎市）。这次参观向全世界展示了日本的教学观察和教学研讨会的整体风貌与基本特征。

这次会议最大的成果是，各国代表互相确认了如下的基本事实，即使处于特殊时期，学习共同体改革在量与质上均有明显进步。迄今为止召开的 7 次大会一般有上述国家和地区的 300—600 名的代表参加（其中 80％是会议主办国的研究者和教师）。但是，这次会议有来自 31 个国家和地区的 2 000 多名研究者和教师参加（其中日本约 200 人）。这远远超出了我的预想（10 个国家和地区的 500 人）。

尽管说这次是线上会议，偏远地区的参加变得相对容易了，但是，参加国增至 3 倍而参加者也增至 4 倍以上，这也说明了学习共同体改革的世界影响力在迅速增加。2019 年 8 月，学习院大学和东京大学共同主办了世界教育学会 10 周年纪念大会。该大会的参会者约 1 300 人（其中日本人一半以上）。2020 年 11 月，世界教学研究学会举办线上会议，参会的世界教学研究领域的研究者约 500 人。如果从与这些世界会议的规模对比来考虑，这次会议参加者的规模之大实在令人惊叹。在 31 个国家和地区中，亚洲占三分之一，欧洲占三分之一，其他三分之一来自北美、非洲、大洋洲和拉丁美洲。显然，本来是以亚洲各国为中心的学习共同体改革竟然在特殊时期不知不觉拓展至世界上其他地区的国家。

学习共同体的国际发展并非仅仅体现在数量规模上。会议期间，各国最优秀的教育研究者中 10 人作了主题演讲，7 人在全体大会上作了报告。这些研究报告显示出各国学习共同体的研究与实践均获得了高质量发展。所有的研究报告都详细地报告了特殊时期的学校现实、教室现实和教师现实，显示了推进改革的教育哲学研究、教学研究、课程研究、学校改革研究、学习科学研究和教师教育研究等各个相关领域的理论新进展。

会议讨论了许多相关领域的议题。在与儿童发展相关的经济不平等和教育不平等逐渐扩大的背景之下，不让任何一人掉队、保障优质学习的学习共同体的价值就更为显著。正如"不让任一儿童掉队，不让任一教师孤军奋战（No Child alone，No teacher alone）"这一标语所显示的那样，为了实现"平等公正教育（equitable education）"，就必须通过"探究"与"协同"推进"学习的再次革命"，从而在学校中建设教师的"专家共同体（professional learning community)"。所有参会者的报告均明确显示出了这一点。

## 二、中国的学习共同体改革

以下以中国的事例来说明各国的学习共同体改革的迅速发展。在中国，有很多大学、地方政府和公益团体均在致力于推进学习共同体改革。我参与其中的改革是北京师范大学 6 年前创建的"学习共同体国际研究中心"主导的改革事业。以该中心为纽带，以全国各地约 20 所项目学校为中心，形成了全国性的推进学习共同体改革的学校网络。

2020 年 4 月 6 日—9 日，我通过 zoom，线上访问了北京市第十八中学、北京市丰台区第五小学、丰台区草桥小学、北京市大兴区教育局的项目学校，进行了教室参观、观摩教学和教学研讨会参观，并作了有关主题的演讲（大兴区内 58 所小学中有 18 所作为试验学校于去年建成了改革学校网络）。

图 19-1　北京市丰台区第八中学的学习共同体

丰台区第五小学以学习共同体改革为抓手，推进学校改革和教学改革，目前已经达到世界先进水平。该校由 5 个分校组成，是在校学生数超过 3 000 人的大规模学校。该校在所有教室里均努力不让任一学生掉队，通过"探究"和"协同"，使每位学生成为学习活动的主人翁。在所有的教学过程中，均通过高于教科书水平的"挑战学习"设计，实现了优质学习。该校有教师 200 多人，所有教师均需要进行公开教学。通过协同研修确立"专家共同体"（教师学习共同体）。该校的改革启动于 6 年前，与北京师范大学"学习共同体国际研究中心"同时创立。其改革成果已经成为"学校的文化"（李校长的词汇）的有机部分。学生和教师们已经把学习共同体的思考和行动样式内化于心并身体力行。这是值得令人赞叹的改革成就。世界各国的教育学者和教育行政管理者都应该访问该校并向该校学习改革经验。

该校何以能取得如此划时代的改革成果？其改革经验可说是数不胜数。该校分校对外开放和公开教学的某一天，分校校长作了"改革前进的经验与教训"相关议题的报告。她认为，改革经验中的最重要一点是，学习共同体改革既是愿景，也是哲学，更是活动体系。校内"教师学习共同体"由此而形成。儿童和教师学习的基础是"倾听的教育学"。"互相倾听关系"实现了教室里的"探究"与"协同"，职员室里的"专家共同体"。这次改革以"平等与民主思想"作为哲学指导，保证了每一位儿童和教师的尊严，使具有多样性、开放性的"平等与民主"成为可能。随后，她又指出，为了"改革的持续与发展"，需要"中间层活跃和引领力发挥"。本校与其他学校之间形成改革学校的网络也非常重要（当天与中国各地约 10 所合作学校一起召开了线上会议）。

　　李校长以所在学校的改革为中心，发挥改革领头羊作用，与第十八中学及草桥小学合作，支援大兴区 18 所改革试验学校的改革事业。在大兴区公开研讨会上，李校长作了一场极为精彩的报告。她认为"公共哲学""民主主义哲学""追求卓越哲学"构成了学习共同体改革的理论基础，成为这次改革的推动力，是不让任何一人掉队的"平等与民主主义共同体"创造成功的秘诀。改革实践成功的根本在于"倾听哲学""对话""挑战学习"。另外，学校网络、教育委员会与学校网络、教师与研究者网络的确立与健全也使学校改革的"持续与发展"成为可能。

　　附带而言，不能忽视的一点是，在中国，学习共同体改革的飞速发展有其固有的两个有利条件。第一，教师队伍具有较高的专家意识和专业素质。最近 20 年来，中国教师的教育水平飞速提升，城市地区的大部分教师均是硕士毕业。第二，学校里教师研修的经费充足。在中国的学校里，每校每年研修经费的拨款约在数百万日元至一千万日元之间①，约是日本学校的 100 倍。充足的研修经费为教师发展与学习革命提供了坚实的物质基础。

## 三、改革网络

　　学习共同体改革不是"运动"而是改革的社会"网络"建设。该改革体系存在与完善的意义重大。在这个社会网络之中，不存在上司与中心。参与这个社会网络之中的所有学校、所有教室、所有教师、所有地域

---

① 当前(2024 年 7 月 25 日左右)汇率，1 日元约＝0.05 元人民币。

均是社会网络的中心。该社会网络是去中心化的社会网络。所有改革参加者均是改革的主人翁，平等与民主哲学彻底贯穿其中。

现在，这个改革网络已经超越地区、国家和国境的限制在全世界扩展开来。改革网络有力支持了每个学校和教室的改革以及儿童及教师们的学习革命。在特殊时期，活用线上手段而进一步得到发展的改革网络，其重要性逐渐增加。学习共同体改革已经超越教室、学校、地区和国家，并建设成为了"学习共和国（Republic of learning）"。当然，该共和国仅仅是虚拟形态的共和国。尽管如此，它在教育改革现场，却发挥着真正"共和国"的作用。

2020年11月，世界教学研究会（线上）召开。会议设立了学习共同体改革的专题报告。改革极为成功的泰国和以数所大学为中心积极推进改革的印度尼西亚为首，还有日本和中国香港地区的改革实践均在大会上得以报告与进行经验交流。在此之前，在上海召开了题为"教育的未来"的国际会议。在这次会议上，《人类简史》（*Sapiens：A brief history of humankind*）的作者尤瓦尔·赫拉利（Yuval Noah Harari）、领导了OECD的PISA调查的著名学者安德烈亚斯·施莱歇尔（Andreas Schleicher）以及我分别作了关于"新时代的教育"相关的讲演。这次会议几乎有数不清的线上参会者。其后，在由重庆市、杭州市、深圳市的教育科学研究院主办的会议上，我作了"第四次产业革命和教育的未来"的演讲（线上）。各市的线下会场上有数千教师聚集，另外全中国还有106 722名教师线上参加了这次会议。

现代社会的改革通过"革新（局部革新引发体系整体改革）"和"网络"两条路径推进，未来教室与学校的改革自然也不例外。

# 第二十章 学习共同体的国际网络

## 一、国际会议的召开

2022 年 3 月 4 日至 6 日,第 9 次学习共同体国际会议召开。3 月 4 日,参会人员访问了埼玉县羽生市井泉小学。5 日,在东京大学工学部 Haseko-kuma Hall 举行会议开幕式。然后,10 人当日作了主题演讲。6 日,召开两场全体研究会和 6 个分会。与去年的第 8 次会议一样,除日本讲演者和工作人员之外,其他人均是线上参加会议。

这次会议的参加者来自 21 个国家和地区,共计约 2 100 名。与上次相比,参加会议的国家地区的数量略减。原因之一是,大会预定召开之日的 10 日前,俄乌冲突爆发,北欧与东欧的参加者锐减为零。尽管如此,与上次大会一样,其参加国和人数之多也令人惊叹。这 2 年间,我参加了约 20 次世界教育学会和世界教学研究会等主要国际学会举办的国际会议以及其他类型的国际会议,线上参会并作了演讲。在这些国际会议中,参加者最多也不过 500 人。与这些会议相比,去年与今年的学习共同体国际会议的参加者均在 2 000 人以上,这也让人不得不惊叹了。学习共同体的国际网络正在成为世界教育发展的最大推动力。而且,通常的会议上,参加者仅参加自己关心的那部分会议发表与讲演。与此相反,在这次会上,几乎所有参加者均全程参与,不计时差,21 个国家和地区的研究者 3 日里紧密地联系在一起。

这次国际会议还在日本、中国、泰国、韩国、越南等地设立了会议转播基地,同声翻译会议的学术发表与进展。其结果是,与会者不仅有教育研究者,还有很多教师也参加了这次会议。尽管会议配有同声翻译,但在会议主办国的日本却仅有 150 人左右的参加者,这多少有些遗憾。20 多年来,日本的教育研究者和教师已经丧失了国际关系网络与国际视野,钻入了日式章鱼罐①之中。其程度之深,会议的日本参加者数量之少已经说明了这一点。

这次会议的议题是"学习共同体改革中的平等公正教育追求与学习的再次革命——超越与未来探索(Equitable Education of Learning beyond COVID - 19 and for Post Corona Society)"。会议计划在学习共同体的改革框架之下详细研讨:在过去的 2 年间,教育研究者孜孜以求的"平等公正教育"和"学习的重新革命"。会议还计划重点研讨:今年的焦点,即特殊时期导致的"学习损失"的恢复。会议的主题演讲与会议发表分别报告了日本、英国、中国、泰国、印度尼西亚、韩国、越南、墨西哥等国的改革实践和理论研究,展示了这些国家的学习共同体研究者之间合作的紧密程度。

会议第一天访问的羽生市井泉小学给我留下了深刻的印象。在访问过程中,访谈了吉野知美校长、参观了所有班级的教学和观摩了工藤

---

① 章鱼罐是由陶瓷或金属制成的壶状容器,用于捕捉和存放章鱼。后来,逐渐演变成一种艺术品和文化象征,在日本传统文化中拥有重要的地位。章鱼罐口小腹大容深,易进难出。

直子老师的一年级算术教学。最后参加了该校全体教师的教学研讨会。该校强调不让任一儿童掉队的关心共同体建设、让儿童享受探究与协同学习过程中的对话。这次访问的感受在之后的 2 日间会议中一直出现在我的演讲、报告和发言之中。因此，可以说，正是这次访问决定了国际会议的基调。

图 20 - 1　在东京大学 Haseko-Kuma Hall 会堂举行的会议（来自 21 个国家和地区的共计 2 100 名线上参加者）

## 二、特殊时期的学校现状

在特殊时期，牺牲最大的是儿童们。2020 年 1 月以来的 2 年多时间里，儿童们的学习权利被剥夺，游戏的权利被剥夺，与同侪之间的联系被切断,不得不孤独地生活。贫困儿童受到的负面影响是富裕儿童的数倍之多。在国际会议上,各国教育的严峻现实凸显出来。

到本次会议(2022 年 3 月)召开为止,在对策较成功的中国和韩国等国与 2 年间苦苦应对突发事件的印度尼西亚、英国和墨西哥等国之间,学校教育呈现截然不同的样态。

另一方面,学校教育陷于悲惨境地的报告来自印度尼西亚。在印度尼西亚,2020 年 1 月之后,学校被长期关闭。2021 年 10 月曾短期复学。几个月后,全部学校又因故突然又被关闭。到会议召开之时,印度尼西亚学校持续关闭已经长达 60 周之久。与世界平均 7 个月的关闭期间相比,这个封闭期间确实太长了。

在这次会议召开半年前的 2021 年 9 月,印度尼西亚教学研究会召开。在该次会议上,印度尼西亚的教育危机也得到广泛讨论。我做了长达两个小时的主题演讲(英语)。有 1 000 多位教育学者线上参加会议,听了我的演讲。这从侧面反映了其教育危机的严重程度。

在主题演讲中,我报告了如下的调查数据。在印度尼西亚学校封闭期间,虽然也采取了网上教学的措施,但是只有 40％的儿童具备上网条件。因此,学校封闭造成的儿童学习损失,6 800 万儿童的生涯工资损失就高达 1 050 亿美元(GDP 的 15％),PISA 的阅读理解能力下降 11 分。其后,学校继续封闭,接近 20 个月的学校封闭带来的学习损失无法衡量。由于这个学习损失,一半左右的儿童就有了一生可能也无法顺利就业的危险。这不仅剥夺了儿童的未来,也让社会整体瓦解,甚至也带给国家以瓦解的风险。

让我吃惊的是,2 小时的演讲之后,提问时间竟持续了 1 个半小时之多。提问一个接着一个。"网上教学中,如何实现协同学习?""网上教学如何推进优质探究学习?""在农村地区,如何实现探究与协同学习?""线上教师研修,存在有效方法吗?"等提问都在预料之内。但是,预料之外的提问也有很多。"初中生、高中生的怀孕与结婚现象增多。如何才能保障他们的学习权利?"如此严峻的提问在发展中国家具有共同性。

## 三、泰国推进改革的经验

在特殊时期,学习共同体的国际网络不断扩大。中国各地实验学校的数量更是显著增加。2021 年 10 月,在中国台湾地区的最大城市新北市,举办了学习共同体改革 10 周年纪念大会。在参加会议的国家之中,不仅参会人数最多而且改革进展也最显著的是泰国。泰国参会人员的演讲、报告和发言均让人感受到学习共同体国际网络之中参与者之间的温情,传递出改革势力之强劲。

在亚洲各国之中,泰国学习共同体改革起步最晚。泰国于 2014 年才开始改革。在泰国,朱拉隆功大学的研究者和接受政府委托项目的匹克(PICO)公司的成员合作,共同推进学习共同体改革。在 2015 年,PICO 组织了 3 万多教师参加了规模最大的教育盛会 EDUCA。在这次会议上,学习共同体改革是会议讨论的主题。2019 年的学习共同体第 7 次国际会议作为 EDUCA 2019 年的年会而举办。这次会议成为泰国学习共同体改革飞速发展的起点。

朱拉隆功大学和 PICO 合作的改革成果惊人。在特殊时期,泰国以SNS 为媒介工具,构建了改革网络。"学习共同体研究会""校长会议"

"教师研修会"几乎每天都会举办。PICO活用SNS,使利用学习共同体网络的学校达3000所,教师达35 000人,校长与行政官员达4000人,教育研究者达700人之多。这个线上网络有力推进了"试验学校扩大"和"专家教师研修",促进了泰国学习共同体改革事业的飞速发展。

泰国学习共同体的惊人发展得益于以下诸人的共同努力。朱拉隆功大学经验丰富的丝万蒙卡(音)、年轻的阿塔珀尔和加丽敦(音)等一群热心改革的教育研究者,他们与PICO的费李安及尼帕坡伦(音)紧密合作,充分发挥了学习共同体改革的引领者作用。他们抱着共同的学习共同体的愿景与哲学,主动与很多学校结成合作伙伴关系,与很多校长和教师形成了协同网络。正是因为有了这样一个核心群体,遍布泰国全体的学校改革、教学革新和学习革命才能够顺利推进。必须指出的一点是,泰国的改革还具有战略卓越性。泰国政府立足改革前沿,确立教育政策,把"学习共同体"改革进一步修改为"专家共同体(professional learning community)"改革,在试验学校里推进、检验实践性与效果性更强的一些改革措施。

如第9次学习共同体改革国际会议所示,尽管在特殊时期,学习共同体改革的研究和实践也均进入了一个崭新的时代。其中的一个象征是,这次国际会议以后,汉语简化字版3册、汉语繁体字版2册、韩语2册、越南语4册、英语2册、西班牙语2册等我撰写的有关学习共同体的书籍得以翻译并出版或即将出版。这个国际网络的存在无疑会带来学习共同体的深入改革与深化实践。这些改革与实践将引领教育发展进入一个全新的时代。

# 第二十一章　国际合作的现在与未来

## 一、第 10 届学习共同体国际会议

2023 年 3 月 3 日—5 日,第 10 届学习共同体国际会议在东京大学工学部 Haseko-Kuma Hall 召开。会议采取线下与线上相结合的方式。虽然线下会议限制各国参加者 10 名以下,参加者总体在 100 人以下,但是上一次以线下方式召开同类会议已经是 3 年前了。包括线上参会者在内,31 个国家超过 2 000 人的教育研究者、教育行政管理者、教师参加会议(其中日本人 150 名)。即使经历了特殊时期的艰苦磨难,学习共同体改革在世界范围内规模迅速扩大(第 8 届 31 个国家 2 000 名参加者,第 9 届 21 个国家 2 100 名参加者)。

3 月 3 日,访问茨城县牛久市牛久第一初中(本桥和久校长)。进行了所有班级的教学参观和观摩教学(一年级·数学藤挂宽教师)参观。在全体教师协议会上,国外参观者发表评论并与该校教师之间互相交流。3 月 4 日,在东京大学的会议开幕式上,来自 9 个国家和地区的 10 位参会者作了主题演讲。3 月 5 日,来自 5 个国家的 6 位参加者在全体会议上发表。分科会则有 31 位报告者,之后举行会议闭幕式。

会议的主题是"面向未来教育的学习恢复和学习革命——学习共同

图 21-1　第 10 届国际会议的外国参会者和会议主办者

体 的 设 计 与 实 践（Learning Recovery and Innovation for Future Education：Design and Practice of School as Learning Community）"。这个主题诉说着 3 年来的外部严酷环境的试炼和学校教育改革者的不懈努力。参加会议的国家地区之中，有学校封闭时间最长的墨西哥（66 周）和印度尼西亚（64 周）。当然，在学校封闭解除之后，各级教育行政当局仍要求采取学校同步教学方式的日本也参加其中。

对于学习共同体改革而言，无法想象还有比这 3 年特殊时期更加严峻的挑战了。尽管如此，3 年间，改革从亚洲各国开始迅速扩展到世界各地。这次会议再次让我深刻认识到，学习共同体改革不仅在空间上急剧扩大,其理论也已经进一步发展与深化。尽管这次会议无法记述该变化的全貌,但是也集中讨论了以下诸课题。探索性对话(exploratory talk)、倾听教育学(listening pedagogy)、破坏性革新(disruptive innovation)和持续性革新(sustainable innovation)、共有课题和挑战课题(sharing task and jumping task)、协力学习(cooperative learning)和协同学习(collaborative learning)的区别、敏感、细致与深入反思型教师(sensitive and thoughtful reflective teacher)、教师的学习共同体(professional learning community),等等。各个关键词上的理论发展极其明显,特殊时期的艰难困苦反而锤炼了改革推进者的思想、哲学和理论。

## 二、世界各国的改革进展

2022 年 9 月以后,日本开放了国外旅行。9 月,我受邀至墨西哥的伊佩罗美洲大学(Universidad Iberoamericana)教育研究所为其创建 20 周年纪念会作主题演讲。面对中南美的 1 000 多名教育研究者,我作了题为"学习共同体改革"的演讲。该大学决定出版西班牙语《学校改革》,这是我在该国出版的第二本西班牙语译著。该大学并从此开始进行学习共同体改革的科研项目。10 月,出席韩国学习共同体全国研究会。11 月,访问越南,出席我的两本专著《专家型教师培养》和《学习共同体创造》的出版纪念会。访问了河内附近的北宁(bac giang)省的学校,并以该省教师为对象作了有关学习共同体的演讲。12 月,访问中国台湾地区的新北市和宜兰市的三所学校,在各地区分别作了不同的演讲。

2023 年 3 月,访问了中国湖南省株洲市、四川省成都市和北京市,并在北京召开了中国学习共同体全国大会。株洲市的八达小学从 6 年前开始推进学习共同体改革。即使在特殊时期的种种困难之中，他们也没有放弃，而是继续勇敢向前。该校虽然是市郊学校，但整体学力水平却达到了市内最优层次。为此，还受到了湖南省教育厅的嘉奖。访问时作了演讲。200 多名教师线下参加了讲演会，另有来自新疆各地的 1 000 多名教师线上听讲。

为此，2023 年 3 月在北京市召开全国代表大会。该会本来计划在 2022 年的 12 月份举行。但是，2022 年的 9 月份至 12 月份，进入非常特殊时期。因计划有变，12 月临时改为线上的国际演讲（线上有 16 000 多人参加）。学校访问包括在内的全国大会延期至 2023 年 3 月 31 日—4 月 1 日。

这次全国大会之前访问的学校是北京市丰台区第八中学（李宏校长，女）。该校 6 年前开始进行学习共同体改革，成效明显。这次访问时感受颇深，不让任何一位儿童孤独存在，接近完美地实践了学习共同体的理论。教师们的同僚性也非常高，可以说是实现了"世界一流学校（world-class school）"的学校改革。李校长的远见卓识和高超引领能力终于让学习共同体改革在此开花结果。

在特殊时期来临之前，教育行政部门曾对该校进行过教学质量评价（学生中心的优质学习的实现程度）。被评为 A 档的教学已经上升至全体的 40％。其后，经过 3 年的艰苦磨炼，该校不降反升，A 档数量提升到全体的 76.9％。这应该是北京市最高的评价吧。我参观了所有班级教学、作为观摩教学的数学教学和教师群体的协议会。从参观中终于理解，如此让人吃惊的教学改革措施自然会有如此显著成效。多么优秀的学校！最初,北京市学习共同体以包括该校在内的丰台区学校为改革中心而不断发展。3 年前,邻近丰台区的大兴区也开始了实行学习共同体改革的试验。大兴区建设了 18 所试验学校,以推进学习共同体改革(如果把合作学校也计算进去,实施改革的学校就占了全区学校的三分之一)。学习共同体改革正在北京市逐渐发展与扩大起来。

　　可以说,在中国国内推行学习共同体改革时,于特殊时期学校面临的外部环境相对严峻。而且,即使学校复学后也存在严格的管制。本来"19 世纪型教室"与"同步教学"在中国就占据主导地位,加上特殊情况突发,推进学习共同体改革就显得更为困难了。在如此严峻的外部形势之中,改革仍然有如此惊人的成效,该校的儿童和教师们值得最高级别的称赞。我最想说的一点是,该校的改革不仅向中国教师们也向世界各国的教师们指出了一条通向未来教育的希望之路。

　　特殊情况对各国学校教育的影响具有多样性和复杂性。这一点必须首先认识到。在特殊时期,发展中国家的 GDP(2022 年)明显提升。具体而言,印度(5 位)、墨西哥(14 位)、印度尼西亚(16 位)、越南(37 位)各自提升的位次有所不同。与此相对照,各国的学校封闭的总计时长分别为:印度 69 周、墨西哥 66 周、印度尼西亚 64 周、越南 50 周。很显然,在此期间,儿童教育的质量下降,成为了经济发展的牺牲品。

　　在韩国,特殊情况之下政治变化,这导致教师士气极为低下,并进一步引起儿童的学习损失。在特殊时期,韩国政治变化剧烈。在 17 人的教育监督(教育长)中,本来有 14 人主张教育改革。但是,后来改革者剧减至 4 人。这样一来,本来以改革学校的扩大和学习革命为中心的教育行政就转变成为以"学力向上""同步教学""ICT 教育推进"为中心的传统教育方式。另一方面,教师们因为学校封闭而士气低落。尽管每年有 4 个月的假期,但是要求每日 3 小时的带薪休息时间,而且午后 2 点离校的教师数量增加。职员会议也不再进行校内研修。校长和教育委员会对此叫苦不迭。

进一步而言,越南等国家的"21 世纪型教与学"的改革本来就开始较迟。在如此复杂的外部环境之中,改革学校与诸种危机共生共存,推进学习共同体改革蹒跚向前而行。

## 三、新型改革课题与国际合作

特殊时期洗礼、第四次产业革命加速和世界经济低迷等给儿童们的现在与将来的幸福带来一系列危机。2022 年 9 月以来,我访问了 5 个国家的学校的教学现场。2023 年 3 月主持召开了由 31 个国家和地区参加的国际会议。在会议中,我强烈感受到的一点是,世界各国的教师均积极追求国际合作。其背景异常复杂。所有国家的学校和教室均被多层而复杂的危机所包围,被隔离和被孤立。形势变化也呈现复杂性。即使在同一个国家之中,既有一直坚持紧急应对政策,使改革后退的学校,也有坚持推进学习改革的学校。既有推进专家共同体改革,提升教师士气的学校,也有降低教师士气的学校。既有改善教师待遇,支持教育改革的国家,反过来也有降低教师待遇并因此带来教育质量下降的国家。其中一个显著的特征是,这些变化未必随着经济发展或停滞及政治形势而变化。教育实践和政策领域的关键相关者的教育学见识和公共责任感是决定改革前进或后退的关键因素。

迄今为止的 3 年来,学校改革的国际现实展现出多样性和复杂性。但是,所有国家均面临一些共同危机,这也是客观事实。主要共同特征有三个:第一,在所有国家里,儿童的社会经济不平等程度扩大,儿童的现在至将来的幸福被置于危险之中。第二,教师被孤立化,学校的同僚性减弱,促进教师作为专家而成长的客观条件变得越来越差。第三,教育管理部门面临财政不足难题,ICT 教育市场爆发性扩大,这使得公立学校改革与维持成为难题。这就要求,世界各国的教师们,以此三个共同性话题为改革活动的中心,追求教室与学校的未来改革的国际合作。

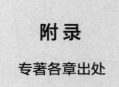

# 附 录

专著各章出处

第一部分第二章"学习革命的指南针"的三节分别连载于教育调查研究所主编的《教育展望》(2024 年 5—7 期)。

第一部分第六章"如何推进'魅力型学校'创建工作?"登载于教育调查研究所主编的《研究纪要》(2024 年度)。

第一部分第八章"学校改革的地区联合——川口市的事例"为新写论文。

第一部分第九章"电脑可以提升学力吗? ——因 GIGA 学校构想而改变的教室风景"刊于全国保险医团联合会的《月间保团连》(2024 年第 5 期)。

第一部分第十章"美术教育中的教学研究"载于教育美术振兴会主编的《教育美术》(2024 年第 6 期)。

第二部分全部为新写论文。

第三部分第二十一章"国际合作的现在与未来"为新写论文。

专著的其余各章连载于小学馆主编的《综合技术教育》(2021 年第 4 期—2022 年 12 期)。

后　记

　　本书是论文的合集，包括 2021 年 4 月至 2022 年 12 月间发表在《综合教育技术》杂志上的 10 篇论文，以及 2023 年 4 月为止撰写的另外 10 多篇论文。

　　《综合教育技术》2022 年 12 月期是其纸质版的最后一期。此后，该杂志就全部转为网络版了。自第二次世界大战结束以来，《综合教育技术》一直位于日本教育综合杂志的中心位置。自 2000 年始，23 年间，我一直在该杂志上刊发论文。迄今为止，共计刊发了 200 多篇。这些论文后来合集为 7 册单行本，公开出版。在此，对承担各期论文编辑的工作人员以及读者表示衷心的感谢。在这些论文中，我想准确地描绘出，在学校教育实践的第一线，教师们如何推进教学改革和学习改革？在推进改革过程中，遇到了何种困难？他们是如何克服这些困难并在一定程度上取得改革成功的？今后，如此汇报教育改革的场所消失，我感到心里有些空荡荡的。

　　本书的各论文写作之时，正值人类历史上的特殊时期之一。各个学校均不得不采取各种严厉的管制措施，不得不改变教学方法，以集中精力应对非常时期不登校和精神障碍儿童增多的问题。现在回忆，2020 年 1 月，在紧急情况突发之际，我就大致预想到形势的严峻。特殊时期从开始到基本结束转瞬 3 年过去，其间，学校被封闭，学习被限制，公开研讨会也无法正常举行。当时，也想到学习共同体的学校改革会因此而无法伸展手脚，受到毁灭性的打击。面对如此逆境，我有时甚至陷入绝望：为了实现儿童们和教师们的幸福（well-being）如何行动才好？

不过，其后的现实发展与我的预想完全相反。在如此严峻的特殊时期，不管是国内还是国外，学校学习共同体的改革均进一步扩大，蓬勃发展。时至今日，虽然特殊时期已经基本结束了，但是，社会不可能照原样恢复。我们必须创造出新型社会、新型教育、新型学校和新型教室。特殊期间的学校改革扩大与进步也昭示着，这些教育创造的探索活动已经开始。2020 年 7 月以后，我几乎每天都在全国各地访问学校，一直坚决支援教师们的改革事业。2022 年 9 月以后，以每月 2 次的频率，访问国外的学校，以支援这些学校坚持进行学习共同体改革的教育事业。本书就是国内外各学校改革经验的总结，主要描述了学校现场正在探索的"未来学校"与"未来教室"的大致轮廓，并尝试提出支持这些改革的理论基础。

本书收集的论文是我从人生的最后一个工作单位——学习院大学退休之际，专心致力于学习共同体的实践改革时期的学术作品。到了如此年龄，我竟然还幸运地抓住了在儿童和教师们以及学校和教室的现实中继续学习的机会。学校改革、教学改革、学习改革均是让人绝望般的世上最难之事。从与此类困难的不断斗争中得到的经验让我的思考与研究水平明显提升。儿童和教师们的成长支持我继续探索和不断前进。与教师们携手共进，继续挑战学校改革，从儿童努力学习的身姿中寻找未来的希望，继续教育学的理论研究，是这个世界上的最幸福之事。深深感谢我遇到过的所有的孩子们和老师们。

　　与上几本书一样，本书也是由小学馆的小笠原喜一编辑承担出版相关的工作。特此向为本书顺利出版付出大量辛勤劳动的小笠原喜一编辑表示诚挚的感谢。

　　教室的未来和学校的未来并非天外来物，而是从现在的教室和现在的学校之内孕育而生。衷心期待读者能按照本书提供的线索，描画出各自眼中的教室和学校的未来图像。

佐藤学

2023 年 5 月

译后记

### 佐藤学"学习共同体理论"中的学习观

在翻译过程中,译者我也从中学到很多东西。结合最近的研究兴趣的焦点,围绕学习尤其是本书对学生在学校中的学习性质的理论探索与实践认识,我简单谈以下四点。

## 一、什么是优质阅读（朗读）？

儿童进入学校学习之初,阅读是其学习活动的最重要的内容。课文中的文学作品文本的朗读是阅读学习的最重要的形式之一。而且,即使学级上升,哪怕是到了博士阶段并进入自然科学的最前沿领域进行学习,文献阅读依然是学生学习的最基础的环节之一。

那么,什么是优质阅读?

人们常常想当然地认为,儿童准确、流畅地朗读才是优质阅读。但佐藤学教授却说,这种认识有误。一个词一个词地读,一个词一个词地在头脑里描绘出文学形象才是优质阅读。

说实在话,在翻译这本专著的这个观点之前,我也一直坚定地相信,儿童(不仅是儿童,也包括大人)准确、流畅地朗读才是优质阅读。不仅相信,我还力行。我曾多次买来有关播音员朗读的教材与配套声带。闲暇之时，自己常常仔细阅读教材，并对着其中的配套声带，自我加练，以求自己能够比较接近通行标准，进行优质阅读（朗读）。

之所以这样认为与行为，是因为我自己在朗读上有比较明显的欠缺（佐藤学式词汇为"个性"）。年少时，我就像本书中的儿童健太一样，说话与中文朗读的方式常为身边人（包括任教老师）诟病。尽管我并没有多动症，也无任何学习障碍。[1] 我把自己独有的文本朗读方式视作缺陷的内心执念肯定不是从娘胎里带来的，而应是后天的学校系统教育反复强化与"控制"的直接结果。因此，我国的学校一般要求儿童们能够准确、流畅地朗读应是确定无疑了。理想是字正腔圆并最好如播音员！至少在我做学生时的那年代应如此。不过，从电视与网络上传递的相关信息[2]来看，在这一点上，现在学校里的主流观点可能也并无大变。

翻译完佐藤学教授前述这段话后，仔细回味，好像这段话确实有些道理。阅读文学作品，自然是在阅读者头脑里形成文学形象为最佳。只有一字一顿，才能给文学形象创造留下适当的时空。而且，这文学形象要完全属于阅读者自己的创造才行。从这个观点与立场出发，佐藤学教授还在专著后面的段落里，严厉批评了日本当前学校国语教育中的阅读理解的教学方式。当然，国语教育中的阅读理解的教学方式源于各类升学考试中的阅读理解的评价方式。各国皆然。如果中小学校教育的核

---

[1] 综合本书相关章节的观点表明，整体上，佐藤学教授对儿童多动症和学习障碍的诊断及矫治相关的各种社会制度设计的合理性与必要性持高度怀疑的态度。

[2] 这些媒体信息未必十分准确可靠地表现了当前学校教育的真实，尚需实地仔细观察，并多方信息对照。

心目标是促进学生学习质量的提升,而学生学习的根本目标是培养学生的"个性",即我国自上古至今的教育理念中的"成人",那么,上述有关文学作品阅读的观点确实值得我们教育者,尤其是一线教师们深思并在实践中尝试。

## 二、什么是优质学习?

先搁下文学作品阅读这个特殊的学习领域的话题暂且不谈,我们下面接着来进一步看看在更普遍意义上对学生学习的佐藤学式的较为独特的一些认识观点。

什么是优质学习?

在回答这个问题之前,先界定中小学校①里的学生学习的对象即知识的内涵。从全人类知识发展进程的角度来看,作为学校学习的对象,学生在学校学习的知识不外乎两种:已知知识和未知知识。对未知知识的学习本质上就是科研活动。只不过科研活动的主体由专业科研者变成了作为业余科研者的学生而已。在不确定时代,这类学习好像变得越来越重要了。而且,从国际上科学技术相关新闻来看,确实有不少本科以下大中小学生做出科研创新成果。但是,与大多数教育研究者类同,本书所指学生学习的对象也仍主要是人类已知知识。因此,佐藤学教授所说的学习革命(创新)并非以创新为目标的学习,而是以创新方式进行的学习。

对既有知识的学习,优质学习包括理解(深度)学习和真实性学习两

① 译者认为,高校至少在本专科阶段应该也是如此。

个核心侧面。

对人类已知知识的学习，其达至优质的核心指标之一应该是精准理解的深刻程度。佐藤学教授认为，知识"理解"可有多种程度。除常人所谓"懂得"之外，还有自己理解后会做的"理解"，可以对自己的理解进行说明的"理解"，可以向别人讲解自己思考的"理解"，以及在此基础上的可以应对不懂的学生的提问并能准确进行援助的"理解"。在中小学校里，最后一种是知识理解的最高层次。理解学习就是深度学习。对此，我完全赞同。

与此同时，学生的学习必须是真实性学习。尽管真实性学习内涵多样，但是，佐藤学教授认为，在教与学的具体实践中，真实性学习必须同时包括：符合现实语境的学习、追求学科本质的学习和展现学习者内心真实的学习。现在，之所以迫切需要追求真实性学习，是因为学校里的学生学习既脱离了现实也脱离了学科本质更与学生的内心呼声无任何相干。长期以来，我曾零零碎碎想过学生在学校应该从事的真实性学习究竟为何物，但总是不得要领，感谢佐藤学教授提供了一个系统定义并给了我极大启发。而且，我也没料到他竟如此重视学科知识学习。这是不是他的学习革命理论中的最为"传统"的一个侧面？现在，究竟还有没有必要认为学生在学校里应该以学科知识学习为学习活动的中心？这值得细思。

在佐藤学教授的眼里，现代中小学校不事真实性学习久矣！当然，如果更仔细、全面和深入观察，不事真实性学习未必仅限于中小学，也未必仅存于日本列岛。也许在世界上其他某些地方的高中后教育里，象征性学习流毒更甚。而且，若非从控制学校的外部彻底根除毒源，各级各类学校并无任何可能遏制此象征性学习病毒的到处与无节制的流行。

## 三、优质学习如何达成?

上述优质学习如何达成?

长期以来,佐藤学教授坚持认为,学习共同体的学校改革是实现学生的优质学习的唯一途径。对这一点,我以前多有所保留,但现在变得越来越能够理解了。也许,除此之外真的别无它径! 学习共同体建设至少需要学生、教师和学校三类直接主体的协同努力,甚至还需要家庭、社区、教育行政部门以及整个社会一定程度上的协同参与。上述各主体整体协同就构成了学习共同体的完整社会系统。这里,仅从学生个体角度说一说探究协同学习。

在探究协同学习中,"探究"与"协同"二者并非等同关系。其中,"协同"建立在"探究"基础上。简而言之,"探究"可以无"协同"而顺利进行①,但"协同"若无"探究"作为基础则无任何意义。因此,探究协同学习实际上是"探究"学习基础上的"探究协同"学习。当然,无"协同""探究"学习与有"协同""探究"学习的学习效果截然两样。

探究学习的基本内涵。学生学习的核心是"探究"活动。佐藤学教授把学习定义为:从已知世界向未知世界的旅行。在这个学习之旅中,学习者与新世界相遇并对话,与陌生他者相遇并对话,与自新之我相遇

---

① 佐藤学教授认为,"探究"必须在"协同"环境下进行,即,二者密不可分。实际上,佐藤学的"探究"有其特殊内涵。这里,在稍微较宽泛的意义上使用"探究"一词。

并对话。该旅程的整体活动结果就汇成了学习者个体的学习经验。换句话说，学习过程就是世界创造、朋友创造和自我创造的过程。总之，学习就是探究学习，探究学习就是上述三种对话实践的三位一体。在这里，"探究"与"创造""体验""实验""实践"实际上都是同义词。由此也可见杜威哲学对佐藤学的理论形成的巨大影响。其实，本书提及杜威之处甚多。这也进一步激起了我钻研杜威思想的兴趣。

顺带而言，杜威对中日两国的教育印象和教育影响（也包括对整体社会）非常不同。学界一般认为，杜威对中国印象较好且影响较大。① 然而，就我初步的观察与比较而言，可能事实不尽如此。首先，很显然，中国尚缺少一批如佐藤学教授般愿意把杜威观点深入融入自己思想并尽力指导教育实践和教育研究实践的研究家；其次，中国相对更缺少锦织明②那样的深入和系统理解杜威的教育思想并灵活运用于自己办学实践的中小学校长与教师。如若从其对实践的实际影响而言，杜威思想对日本教育可能比对中国教育的影响程度要大一些。

另外，顺便再简单说一说我个人对杜威教育思想的看法的一些变化。从 20 世纪 80 年代初开始学习教育学起，我就接受了各式各样的教育学中文教科书对杜威思想的基本介绍与整体评价，因此，长期对其教育思想并无多少好感，自然在学术钻研上也无多少有意识的学习与借

---

① 刘幸. 杜威日本与中国之行的思想动态研究——以《杜威家书》为中心[J]. 教育学报，2016(3)：79—86；单中惠. "从美国走向世界"的开端：杜威远东之行探析[J]. 教育史研究，2024(1)：79—87.
② 佐藤学. 教师花传书：专家型教师的成长[M]. 陈静静，译. 上海：华东师范大学出版社，2016：139—144.

鉴。20世纪90年代中期读硕士研究生时,在课堂讨论中,我曾非常熟练地鹦鹉学舌地批判杜威和苏联教育学,被任课老师好似不经意地问:"你仔细读过苏联教育学吗?"可惜的是,我当时并不太懂这轻声细语反问背后的真实含义。2015年左右,随着我国高教步入大众化末期,我开始关注大学生尤其本专科生的学习质量及提升策略。机缘巧合,在阅读外国尤其是美国文献时,从中发现,杜威思想的影响在学生学习领域具有无与伦比的深度与广度。从此点生发,我开始逐渐深入阅读一些杜威的原文原著,并重新理解杜威及其教育思想,对其思想的崇敬开始逐渐增加。将来如果有空闲,一定对其思想多钻研一些。

探究协同学习的基本内涵。佐藤学教授认为,探究学习还必须通过协同方式进行才算完美,才有可能达成最优学习效果。它要求在教学中设计"挑战学习"环节。但是,这里的"协同"学习与大多数教育者提倡的"合作"学习存在本质区别。"协同"包括两个核心内涵:第一,人与人之间建立互相倾听关系,而非表面上的言语交流;第二,协同活动是面向未知的探索性对话。总之,互相倾听关系基础上的探索性对话为特色的优质学习是认真用心"听"而不是滔滔不绝地"说"。这似乎和以往文献所强调的积极、主动或主体学习有所不同。

## 四、为何我无法达到佐藤学教授的学习认识那样的高度?

同样是来自这个世界的东方文化的教育研究者,为何在学生学习认识上,我无法达到佐藤学教授的理论高度?除天赋、努力和际遇等偶然因素外,我觉得还有以下三点更重要。

　　第一，佐藤学教授有着更为崇高的教育改革理想。比如，明知学校教育改革不可为而为之。第二，佐藤学教授有着极为强大的理论信念和实践定力。随着学习共同体理论与实践在国际上的影响不断扩大，批判声音其实也越来越多。但他绝不会为一些浮光掠影式的批评所困扰，更不会被吓倒，而是更加致力于教育改革实践，以实践中产生的改革的明显效果来回应批评的声音。第三，佐藤学教授具有杰出学者所必备的自我反思的超级习惯。这与他长期坚持在国内外进行教育改革实践和行动研究、善于理论与实践相结合有着密切的关系。

　　当然，言及此类关于佐藤学教授"个性"及其教育学术研究活动的诸多优点，尽管其中有译者自我反思的成分，但本意是给那些立志于未来从事教育研究的年轻人来看的。

　　最后，译稿初成之时恰值 2025 年元旦之际。我趁机在此强化自我反思行为一番，并立下新年宏誓：今后，踏实地向佐藤学教授学习，从事真实性研究，研究真实性学习！

徐国兴

2025 年元旦